칼빈의 팔복 강해

John Calvin
김광남 옮김

비전북·고전·시리즈
VisionBook Classics Series 04

john calvin

칼빈의 팔복 강해

John Calvin

김광남 옮김

Vision
BOOK

차례

6

본문에 사용된 약어들

Ann.   Erasmus, *Annotations on the New Testament: the Gospels* (ed.
             Anne Reeve), London: Duckworth, 1986.

Badius   Calvin, *Soxiante cinq sermons sur l'Harmonie ou
             Concordance des trois Evangelistes*, Geneva: Conrad Badius,
             1562.

CO   *J. Calvini opera quae supersunt omnia*, 59 vol. (ed. W.
             Baum, E. Cunitz and E. Reuss), Berlin & Brunswick: C. A.
             Schwetschke & Son 1863–1900.

Harm.   *A Harmony of the Gospels: Calvin's New Testament
             Commentaries*, 3 vol. (ed. D. W. Torrance and T. F.
             Torrance, tr. A. W. Morrison and T. H. L. Parker),
             Edinburgh: St. Andrew Press, 1972.

Epistres   Lefèvre d' Etaples et ses disciples, *Epistres et Evangiles pour
             les cinquante et deux dimanches de l'an* (ed. G. Bedouelle
             and F. Giacone), Leiden: E. J. Brill, 1976.

Inst.   Calvin, *Institutes of the Christian Religion*, 2 vol. (ed. J. T.
             McNeill, tr. F. L. Battles), Philadelphia: Westminster Press,
             1960.

LW   *Luther's Works*, 55 vol. (ed. J. Pelikan and H. T. Lehmann),

St Louis: Concordia Publishing House and Philadelphia: Fortress Press, 1955–1986.

NPNF   *A Select Library of the Nicene and Post-Nicene Fathers*, First series, 14 vol. (ed. Philip Schaff), New York: Scribner, 1886–89, repr. Peabody, Mass.: Hendrickson, 1995.

OS   *J. Calvini opera selecta*, 5 vol. (ed. P. Barth and W. Niesel), Munich: Kaiser, 1926–1952.

SC   *Supplementa calviniana: Sermons inédits de Jean Calvin*, 8 vol. to date, Neukirchen–Vluyn: Neukirchener Verlag, 1936/1961–.

S. Chr.   *Sources chrétiennes* (ed. H. de Lubac, J. Daniélou et al.), 259 vol. to date, Paris: Editions du Cerf, 1942–.

서론

설교는 종교개혁자 칼빈의 오랜 제네바 사역 기간(1536-1538; 1541-1564) 중 관심을 쏟은 여러 활동 가운데서도 가장 공적이며 영향력 있는 사역이었다. 공적이었다는 것은 칼빈이 여러 해 동안 주일에는 두 차례, 주중에는 하루 걸러 한 차례씩 시민, 망명자, 방문객 등으로 이루어진 회중을 가르치고, 경고하고, 호소하고, 조언하고, 훈계하고, 격려했기 때문이다. 영향력이 있었다는 것은 제네바에 복음주의 문화를 형성하고 이 도시를 개혁주의 프로테스탄티즘의 신경중추로 만든 동력이 무엇보다 그가 강단에서 선포하고 적용했던 말씀이었기 때문이다. 이 사역은 기독교 교리를 옹호하고 전파하는 일에서 그가 집필한 『기독교 강요』와 주석, 그리고 여러 논문들이 지닌 영향력에 비견할 만하다.

설교 자체는 반복될 수 없는 사건으로 시간과 공간 안에서 지역화된다. 설교가 선포 당시 회중의 한계 너머에까지 영향을 끼치려면, 기록되고, 필사되고, 보존되고, 널리 전해져야 한다. 칼빈의 수많은 설교가 실제로 필사본 형태로 기록되어 보존되었으며 이후 인쇄되어 나왔다. 칼빈의 설교 역사와 관련하여 다른 이들이 쓴 내용을 이 책에서 되풀이할 필요는 없을 것이다.* 설교자로서 칼빈은 편집되지 않은 설교 모음집을 출판해서 판매하는 일을 탐탁지 않게 여겼다. 그 이유가 무엇이든, 그의 속기사와 필경사들의 능력과 인쇄업자들의 요구와 일반 독자층의 열성이 아주 컸기에 (우리로서는 기쁘게도) 칼빈이 동의할 수밖에 없었다는 점만 짚고 넘어가겠다.

현재 구약과 신약을 망라해 거의 1,600편에 이르는 칼빈의 설교가 불어로 존재하며, 100편 이상의 설교가 라틴어 번역으로 남아 있다. 현존하는 설교들 중 거의 절반이 칼빈 생전에 출판되었고, 최근 40여 년 동안 세계장로교연맹(World Presbyterian Alliance)이 추진했던 주요한 출판 프로젝트 덕분에 유럽의 여러 도서관에서 읽히지 않은 채 보관되어 있던 수백 편 이상의 설교가 빛을 보게 되었다.** 영어 사용자들은 칼빈 시대 이후 종교개혁자인 그의 설교 중 많은 부분을 번역된 형태로 접할 수 있는 행운을 얻었다. 16세기에 번역된 수를 헤아려 보면 칼빈의 가장 열렬한 외국인 독자층이 영국인과 스

---

* 이와 관련해 영어로 된 가장 훌륭한 논의는 T. H. L. Parker, *Calvin's Preaching* (Edinburgh: T. & T. Clark, 1992), 65–71에 있다.

** 지금까지 *Supplementa calviniana* series, Neukirchen-Vluyn: Newkirchener Verlag, 1936/1961–2000로 8권이 출판되었다.

코틀랜드인임을 알 수 있다.*

본서의 목적은 마태복음 5:1-12과 마가복음 3:13-19, 누
가복음 6:12-26에 대한 칼빈의 해설로 구성된, 영어로 처음
번역된 '팔복에 관한 짧은 설교' 시리즈를 제공하는 데 있다.
공관복음 논의가 확대되는 과정에서 팔복에 관한 설교가 다
섯 번 이루어졌다. 1559년 7월에 시작된 공관복음 설교 시리
즈는 칼빈이 건강 악화로 강단에서 내려온 1564년 2월까지도
완료되지 않았다. 그의 부재는 영구적인 것이 되었다. 칼빈은
3개월 후인 1564년 5월에 타계했다.

세 복음서 기자들을 조직적으로 연구하기 위한 첫 준비작
업은 1555년에 시작되었다. 그해 칼빈은 라틴어와 불어로
『복음서들의 조화』(A Harmony of the Gospels)라는 주석을 출간했다.
병행하는 복음서 구절들을 묶어서 조화된 혹은 일치된 내러
티브를 만들어 낸다는 개념은 새로운 것이 아니었다. 일찍이
스트라스부르의 종교개혁자 부처(Martin Bucer)가 공관복음서
주석에서 이런 방법을 택한 바 있다(1527). 칼빈은 자신의 주
석 서문에서 부처에게 빚을 지고 있음을 기쁘게 시인했다.**

---

* T. H. L. Parker, *Calvin's Preaching*, 71-73; Francis Higman, 'Calvin's Works in
  Translation', in Andrew Pettegree, et al. (eds.), *Calvinism in Europe, 1540-1620*
  (Cambridge: Cambridge University Press, 1994), pp.82-99.
** *A Harmony of the Gospels: Calvin's New Testament Commentaries*, ed. D. W. and T. H.
  Torrance (Edinburgh: St. Andrew Press, 1972), I, xiv.

이 설교들은 주해와 관련하여 이 주석과 거의 동일한 해석 방향을 따른다. 그러나 성경 본문에 대한 더 정교하고 미묘한 해석과 메시지를 당시는 물론이고 오늘의 그리스도인 청중에게도 지속적으로 적용한다는 측면에서는 주석과 다르다. 설교들이 행해진 늦은 날짜는 종교개혁자 칼빈의 성숙한 설교 스타일을 보여 주는 분명한 예가 된다. 이는 정규적인 공예배 맥락에서 신약을 설명하는 그의 마지막 노력을 드러낸다.

가슴 아픈 우연으로, 팔복에 관한 칼빈의 설교들은 그의 훌륭한 속기사였던 드니 라게니에(Denis Raguenier)의 기록물이었다. 마태복음 5:12에 관한 설교를 마지막으로 라거니에는 펜을 내려놓고 죽음을 준비했다. 그는 1560-1561년 겨울 어느 날 죽었다. 설교자 칼빈은 공관복음에 관한 설교를 계속해 나갔지만, 후속 설교들에 대한 더 이상의 기록은—설령 누군가가 기록했다고 할지라도—이제 존재하지 않는다.

문학 장르상 팔복(the Beatitude)은 지혜 전통과 묵시 전통 모두에 속한다. 그러므로 확실한 행동 규범을 심어 주는 윤리적 지침의 도구로, 혹은 하나님이 잘못된 모든 일을 바로잡기 위해 개입하시리라는 고통스러운 소망과 확신을 전하는 수단으로 사용될 수 있다. 설교를 통해 칼빈은 마태복음 5:1-12과 누가복음 6:20-23이 전하는 팔복에 내포된 윤리적 요구에 큰 비중을 둔다. 그의 팔복 설교에서는 의무에 대한 표현들("~해야 합니다" "반드시 ~해야 합니다" "~할 필요가 있습니다")과 권면

하는 표현들("~합시다")이 넘쳐 난다. 그러나 그는 팔복을 예수
께서 선포하신 하나님 나라에 들어가기 위한 필요조건이 아
니라, 이미 하나님 나라에 속한 이들을 식별하고 타락한 세상
에서 주어진 은혜를 가시화하는 표식으로 다룬다. 실제로 팔
복에는 오직 하나의 명백한 명령만 포함되어 있는데, 도덕적
노력이 아니라 내적 혹은 정신적 성향에 대한 내용이다. "기
뻐하고 즐거워하라"(마 5:12), "기뻐하고 뛰놀라"(눅 6:23). 여기
서 예수의 가르침 핵심에는 종말론적 소망이 놓여 있다. 슬퍼
하는 이들은 위로를 얻을 것이다, 굶주린 자들은 만족을 얻을
것이다, 마음이 청결한 자들은 하나님을 볼 것이다.

설교자로서 칼빈은 **지금**과 **아직** 사이, 즉 신자들이 현재
겪고 있는 고난과 하늘에서 누릴 미래의 복락 사이에 존재하
는 긴장을 충분히 잘 알고 있다. 자크 뒤퐁(Jacques Dupont)이 말
했듯이, "팔복은 '하나님 나라가 여기 있다', 하나님의 약속이
성취되기 시작했다, 때가 차서 시대의 종말에 있을 메시아 축
복의 지정된 수혜자들이 이제 기뻐할 수 있다"라고 말하는 다
른 방식에 불과하다.* 예수는 메시아 축복의 전령이자 대리인
이다. 모든 지복(至福)은 그 안에서 요약된다. 온유한 자, 마음
이 청결한 자, 긍휼히 여기는 자, 화평케 하는 자, 까닭 없이
박해당하는 자였던 그가 자신의 메시지를 실행하고 모든 의

---

* J. Dupont, *Les Béatitudes* (Paris: J. Gabalda, 1958–1973) I, p. 221.

의 구현이 된다. 그의 신원은 그를 믿는 모든 이를 위한 신원이 될 것이다. 그러므로 팔복은 도덕적 완전에 관한 추상적인 목록이 아니다. 팔복은 내주하시는 성령을 통해 지금도 그 형상을 닮아가고 있는 예수 그리스도의 인격으로 우리를 돌려보낸다. 칼빈의 팔복 설교는 예수 추종자들이 이미 그들 안에서 그런 존재로 여겨져야 한다는 호소이자 격려다.

이 설교들은 1562년 제네바의 인쇄업자 콘라드 바디우스(Conrad Badius)가 발행한, 약 1,200쪽에 이르는 『복음서들의 조화 혹은 일치에 기초한 65편의 설교들』(*Soixante cinq sermons sur l'Harmonie ou Concordance des trois Evangelistes*) 중 일부이다. 이 책에는 칼빈이 1555년판 주석을 위해 썼던 서문이 포함되어 있었다. 나중에 리옹의 인쇄업자 생포리앙 바르비에(Symphorien Barbier)가 이 『65편의 설교들』을 별도 판으로 출판했는데, 의심할 바 없이 칼빈이 모국 프랑스에서 누리는 인기를 이용하고자 한 것이었다.[**] 1590년에 바디우스판이 잘못된 속표지를 지니고 재발행된 점을 제외하면, 스트라스부르의 학자들인 바움(Baum), 커니츠(Cunitz), 로이스(Reuss)가 자신들의 기념비적인 역작 『칼빈 총서』(*CO*)[***]에 『65편의 설교들』을 포함시켰던 19

[**] 1562년 제네바와 리옹에서 나온 판본들에 대한 충분한 설명은 Rodolphe Peter and Jean-François Gilmont, *Bibliotheca calviniana* (Geneva: Droz, 1991-2000) II, pp. 953-960에 제공된다.

[***] W. Baum, E. Cunitz, and E. Rueuss (eds.), *Calvini opera quae supersunt omnia*

14

세기 말까지 그 어떤 후속 출판도 뒤따르지 않았다.

종교개혁자 칼빈은 제네바의 중심적인 교회였던 성 베드로 교회에서 열린 주일예배 중에 공관복음을 설교했다. 그 도시의 교회 생활을 관장하던 교회법은 오전과 오후 두 차례 주일예배를 제공했다. 제네바 예식에서 설교는 예배로의 부름, 일반 고백, 운율에 맞춰 부르는 시편, 조명을 위한 기도 뒤에 행해졌고, 그 후에는 확대된 중보기도와 축복기도가 이어졌다. 칼빈의 설교 중 길이가 1시간 이내인 것은 거의 없고, 어떤 설교들은 그보다 훨씬 더 길었다. 그 16세기 교인들은 거룩한 예배보다 설교에 참석한다고 말했을지도 모른다.[*] 그럼에도 성경 해설이 전례 행위, 즉 정신을 지도하고 성결을 기를 뿐 아니라 마음을 따뜻하게 하고 고양시켜 성부와 성자와 성령에 대한 감사로 나아가도록 고안된 예배 행위였다는 사실은 분명하다.[**]

팔복에 관한 칼빈의 설교들은 원래 판본에서 61번부터 65번까지 번호가 매겨져 있으며, 문단 구분 없이 촘촘하게 인쇄

(Brunswick/Berlin, 1863–1900) 46.1–826.

[*] 다음을 비교할 것. Francis Higman, "La Fortune de la *Forme des prières* en Grande-Bretagne jusqu'au milieu de XVIIe siècle", in Maria-Cristina Pitassi (ed.), *Edifier ou instruire: les avatars de la liturgie réformée du XVIe au XVIIIe siècle* (Paris: Honoré Champion, 2000), p.78.

[**] 교회와 예배의 일반적 문제에 관해서는, Richard Stauffer, *Interprètes de la Bible* (Paris: Beauchesne, 1980), pp. 157–164를 보라.

되어 있다. 각 설교 맨 위에는 설교자가 택한 (제네바 성경 1562
년판에서 인용한) 성경 본문이 나온다. 난외주들은 칼빈이 실례
로 사용하는 성경 구절들을 확인해 주지만, 자주 구체적인 장
과 절을 제시하지 않는다. 설교를 맺는 즉흥적인 기도문도 들
어 있다.

　이 『65편의 설교들』 중 어디에도 날짜가 적혀 있지 않다.
그런데 내적 증거는 1560년 가을 한 달 동안 설교했음을 암
시한다. 우리로서는 다행스럽게도 설교자가 예배 과정에서
(정해진 순서를 따라) 불렀던 시편 두 편을 언급하는데, 이를 통
해 그의 첫 번째 설교와 마지막 설교 사이의 기간을 정확히
계산할 수 있다. 만약 로돌프 피터(Rodolphe Peter)가 마지막 설
교 날짜(1560년 11월 17일)를 정확하게 예측했다면, 팔복에 관한
첫 번째 설교(61번 설교) — 곧 알게 되겠지만 오후 설교였다 — 가 같
은 해 10월 20일에 행해졌으리라고 합리적으로 추산할 수 있
다.*** 이 연대기는 우리가 아는 이 종교개혁자의 말년 상황과
잘 부합한다. 그는 연속되는 본문에 대해 두 차례의 주일 설
교를 선호했는데, 이 패턴은 무거운 외적 업무와 1558년부터
그를 괴롭혔던 잦은 병치레 때문에 매번 유지될 수는 없었다.

　바움, 커니츠, 로이스가 편집한 『칼빈 총서』(CO)는 나름의

***　R. Peter and J.-F. Gilmont, *Bibliotheca calviniana* II, p.954. 예배 때 불렸던 시
　　편의 의미에 관해서는, 첫 번째 설교와 마지막 설교의 미주를 보라.

한계에도 여전히 칼빈 저작에 대한 가장 훌륭하고 편리한 접근을 제공한다.[*] 나는 이 책을 번역하기 위해 *CO* 46에 들어 있는 『65편의 설교들』(*Soixante cinq sermons*)을 저본(底本)으로 삼았다. 하지만 독해에 오류나 문제가 있어 보일 때마다 1562년에 나온 바디우스판과 대조했다. 사상을 충실하게 제시하고자 노력했으나, 칼빈의 어투 중 단순히 반복되거나 불필요한 요소들을 그대로 살리지는 않았다.[**]

설교 본문의 글 짜임은 때때로 결함이 있다. 그래서 일관성을 위해 절의 순서를 재조정하는 경우도 불가피했다. 몇몇 장황한 문장들은 단축되었고, (바디우스판에 없는) 문단들이 도입되었으며, 구두법은 현대화되었다. 현대인들이 거북하게 여기는 "교황주의자"(papist)라는 말은 그대로 유지했다. 칼빈은 이 용어를 로마 가톨릭 신자들 전체가 아니라 자신이 계속해서 싸웠던 로마교회 논객들을 가리키는 데 사용한다. 또한 1545년 트렌트 공의회 이래 간헐적으로 교리를 규정하고 프로테스탄트 교회의 반대 의견을 저주하는 일에 몰두하던 로마교회 지배층을 말할 때도 사용한다. 논쟁은 두 종파 모두에서 가장 심각한 방식으로 이루어졌다.

---

[*] 다음과 비교할 것. F. L. Battles, "The Future of Calviniana" in Peter De Klerk (ed.), *Renaissance, Reformation, Resurgence* (Grand Rapids: Calvin Theological Seminary, 1976), pp. 139–140.

[**] 칼빈의 어투에 관해서는, T. H. L. Parker, *Calvin's Preaching*, pp. 139–149를 보라.

전체적으로 내 목표는, 종교개혁자 칼빈이 항구적인 기독교적 관심사와 관련된 주제에 대해 전하는 말을 독자들이 현대적 용어로 **듣게** 하는 것이었다. 물론 칼빈은 진공상태에서 설교하지 않았다. 그의 정신은 구약과 신약 전체를 폭넓게 다룬다. 가장 자주 거론하는 것은 구약에서는 시편이고 신약에서는 요한복음이다. 그러나 종종 그는 "우리가 시편에서 읽듯이"나 "바울이 선언하듯이"처럼 아주 모호한 방식으로 언급한다. 성경 구절을 확인할 수 있는 장치로 미주(endnotes, 본문에 숫자 표기)를 사용했는데, 그중 일부는 바디우스판 난외주에 나오지만 『칼빈 총서』에는 나타나지 않는다. 성경 본문에 대해 짤막한 역사적 혹은 신학적 설명이 필요한 경우에도 각장의 미주를 통해 풀어냈다. 또한 설교가 끝난 뒤에는 그 설교의 주된 특징을 짧게 분석 정리한 글을 각장 말미에 덧붙였다.

나는 이 책에 실린 칼빈의 설교들에 1부터 5까지 다시 번호를 매겼고 설교마다 내용을 포괄하는 제목을 달았다(각 설교에 나오는 중간 제목은 우리말 번역 과정에서 독자의 편의를 고려해 임의로 붙였다 ─ 옮긴이). 각 설교에 쓰인 성경 본문(거의 확실히 라거니에나 그의 필경사가 제공한)은 직접 불어에서 번역했는데, 칼빈이 설교하는 동안 인용한 것들이다. 그런데 자주 기억을 통해서, 또는 다른 의역으로부터 인용하기에 동일한 본문에 대한 두 차례의 인용이 꼭 일치하지는 않음을 알게 될 것이다.*

번역 자체는 비평본(critical edition)이 아니다. 따라서 고대의 것이든 당대의 것이든 설교자가 의지하는 자료들을 확인하거나 그에게 익숙한 주석 전통을 살피기 위한 시도는 하지 않았다. 각장 미주에서 나는 단지 몇 가지 경우에만 다른 주석가들과의 병행구를 지적하거나 대조할 것을 제안하고자 했다. 칼빈의 자료들은 의심할 바 없이 1555년에 쓴 주석을 위해 사용했던 것과 동일하다. 그는 고대 작가들 중에서는 주로 아우구스티누스, 크리소스토무스, 히에로니무스, 그리고 당대 작가들 중에서는 주로 에라스뮈스, 멜란히톤, 부처, 불링거 등에게 영향을 받았다. 주일 설교가 행해진 전례적 맥락을 고려해, 나는 각 설교 끝에 칼빈의 19세기 편집자들이 생략했던 즉흥적인 기도를 넣었다. 기도들은 종종 놀라울 정도로 간결하게 설교의 핵심 주제를 반영한다. 칼빈이 매 주일 설교 직전에 드렸던 기도, 그가 스트라스부르 교회에서 관습을 따라 했던 영적 조명을 위한 기도는 설교 전체의 서문 노릇을 한다. 각 설교 뒤에 이어졌던 긴 중보기도는 이 책에서는 설교 전체가 끝난 후에 나온다.**

---

* 다음과 비교할 것. Max Engammare, "Calvin connaissait-il la Bible? Les citations de l'Ecriture dans ses sur la Genèse", *Bulletin de la Société de l'Histoire du Protestantisme Français* 141 (1995), pp. 163-184.

** 제네바 예식과 스트라스부르에서의 그 선례에 관한 상세한 내용은 R. Peter가

나는 칼빈의 설교 날짜와 관련하여 장-프랑수아 질몽 (Jean-François Gilmont) 루뱅대 교수가 해 준 조언과, 프랑스 국립도서관과 개신교역사도서관 직원들이 도서관이 소장해온 풍부한 16세기 자료들에 접근할 수 있게 해 준 일에 감사드린다. 내가 비교할 목적으로 참고했던 『65편의 설교들』바디우 스판은 프랑스 개신교역사도서관이 소장한 세 가지 사본 중 하나다(Rés. 8° 5752). 진리의 깃발 출판사와 편집자들이 내게 보여 준 따뜻한 환영과 격려에도 깊은 감사를 표한다.

로버트 화이트

2006년 4월

Calvin, *Sermons sur les livres de Jérémie et des Lamentations*, *SC* 6, pp. xxv-xxxix 에 쓴 서문에서 찾아볼 수 있다. 더 오래된 한 가지 유용한 연구는 William D. Maxwell, *The Liturgical Portions of the Genevan Service Book* (London & Edinburgh: Oliver & Boyd, 1931), pp. 17-47이다.

설교 전 기도*

우리의 좋으신 성부 하나님께 기도합시다. 모든 충만한 지혜와 빛이 그 안에서 발견되는 분께서 자비롭게도 성령으로 우리를 깨우쳐 주셔서 그분의 말씀에 대한 참된 이해에 이르게 해 주시기를, 또한 우리가 참된 두려움과 겸손으로 그것을 받을 수 있도록 은혜 베풀어 주시기를 간구합시다. 우리가 그분의 말씀을 통해 가르침을 받아 마땅히 그렇게 해야 하는 대로 오직 그분만을 신뢰하고 섬기고 높이게 해 주시기를 기도합시다. 그리하여 우리의 모든 삶으로 그분의 거룩하신 이름을 영화롭게 하고 우리의 선한 행실로 이웃을 교화하여 신실한 종이 주인에게, 자녀가 부모에게 마땅히 바쳐야 하는 사랑과 순종을 그분께 바칠 수 있기를, 그래서 기쁘게도 우리를 그분의 종과 자녀로 받아 주시기를 함께 기도합시다.

---

* 1542년 제네바 예식서는 주일예배 설교 직전에 목회자가 "조명을 위한 기도"를 드리는 일을 허용했으나 정해진 형태의 말을 규정하지는 않았다. 칼빈의 관습은 그가 프랑스에 있던 스트라스부르 교회에서 이미 했던, 부처의 독일식 전례를 모델로 삼은 기도문을 사용하는 일이었다. Text in *CO* 23.741-2; cf. *OS* 2.19-20.

1
부르심과 택하심

또 산에 오르사 자기가 원하는 자들을 부르시니 나아온지라
이에 열둘을 세우셨으니 이는 자기와 함께 있게 하시고 또 보내사
전도도 하며 귀신을 내쫓는 권능도 가지게 하려 하심이러라
이 열둘을 세우셨으니 시몬에게는 베드로란 이름을 더하셨고 또
세베대의 아들 야고보와 야고보의 형제 요한이니 이 둘에게는
보아너게 곧 우레의 아들이란 이름을 더하셨으며 또 안드레와
빌립과 바돌로매와 마태와 도마와 알패오의 아들 야고보와 및
다대오와 가나안인 시몬이며 또 가룟 유다니 이는 예수를 판 자더라
(막 3:13-19)

이 때에 예수께서 기도하시러 산으로 가사 밤이 새도록 하나님께
기도하시고 밝으매 그 제자들을 부르사 그 중에서 열둘을 택하여
사도라 칭하셨으니 곧 베드로라고도 이름을 주신 시몬과 그의
동생 안드레와 야고보와 요한과 빌립과 바돌로매와 마태와 도마와
알패오의 아들 야고보와 셀롯이라는 시몬과 야고보의 아들 유다와
예수를 파는 자 될 가룟 유다라
예수께서 그들과 함께 내려오사 평지에 서시니 그 제자의 많은 무리와
예수의 말씀도 듣고 병 고침을 받으려고 유대 사방과 예루살렘과
두로와 시돈의 해안으로부터 온 많은 백성도 있더라
더러운 귀신에게 고난 받는 자들도 고침을 받은지라 온 무리가 예수를
만지려고 힘쓰니 이는 능력이 예수께로부터 나와서 모든 사람을 낫게
함이러라
(눅 6:12-19)

원하는 자들을 택하심

요한복음 15장에서[1] 우리 주 예수 그리스도께서는 제자들에게 겸손과 두려움의 태도를 심어 주기 위해, 또한 교만해질 기회를 주지 않기 위해 자신이 그들을 택하신 것이지 그들이 자신을 택한 것이 아니라고 말씀하십니다. 요컨대, 그분은 자신의 은총이 그들보다 앞섰다고, 그들이 노력으로 이런 명예를 얻은 것이 아니라고 말씀하십니다. 바로 이것이 마가가 그리스도께서 **자신이 원하시는 자들**을 택하셨다고 말할 때 암시하는 내용입니다. 그러므로 우리는 어째서 여기 언급된 열두 사람이 그 집단에 속한 다른 모든 이들보다 선호되었는지 물어서는 안 됩니다. 우리 주님은 이미 자발적으로 가르침을 따랐던 많은 제자들을 두고 계셨으나 그들을 개인으로 한쪽에 남겨 두고 오직 열두 사람만을 택하셨습니다. 여기서 우리가 과연 베드로가 다른 제자들보다 강력했는지, 야고보가 더 탁월했는지, 혹은 요한이 더 가치 있었는지 묻는 일은 적절치 않습니다. 그런 질문은 우리를 어디로도 데려가지 못합니다. 사실 그런 추측은 아무런 소용이 없습니다. 마가는 예수 그리스도께서 자신이 원하시는 자들을 택하셨다고 함으로써 도대체 무엇이 그분을 그렇게 행하시게 했는지 알려 달라고 요구할 권리가 우리에게 없음을 지적하기 때문입니다. 대신 우리는 그 이유를 이해할 수 없을지라도 그분이 하신 선택에 만족해야 합니다.

사실 하나님의 선하신 기뻐하심과 그분이 값없이 주시는 긍휼이라는 은혜를 제외한다면, 우리가 어떻게 우리의 구원을 설명할 수 있겠습니까. 혹시라도 우리가 그분이 간과하거나 포기하신 다른 이들보다 우리 자신을 더 낮게 여긴다면, 우리는 우리를 구원하신 하나님의 무조건적 호의의 가치를 떨어뜨릴 뿐입니다. 그런데 우리는 인간적인 눈으로 보기에 중요한 것이나 명성을 얻으려 할 때마다 그렇게 합니다. 반드시 모든 입을 닫아야 합니다. 하나님이 우리를 택하신 까닭이 우리 안에서 무언가 선한 것을 보셨거나 그분이 거부하신 이들보다 우리가 더 순종적임을 발견하신 데 있지 않습니다. 단지 그분이 관대하심의 온전한 광휘를 드러내기 위해 그렇게 하셨음을 알아야 합니다.

이것이 이 세상에 사도의 직분이 나타난 방식입니다. 만약 우리 주 예수 그리스도께서 그런 과업에 적합한 은사를 지닌 이들을 택하고자 하셨더라면, 그분은 아무도 찾으실 수 없었을 것입니다. 그런 과업을 위해서는 낙원의 천사들조차 충분하지 않았을 것입니다. 그러니 우리처럼 가련하고 멸망할 수밖에 없는 피조물이 어떻게 그런 일에 적합한 무언가를 그분 앞에 내어 놓을 수 있겠습니까? 바로 이것이 우리 주 예수께서 대리자 노릇을 하신 아버지 하나님의 긍휼이라는 특권을 행사하셔야 했던 이유입니다. 이는 그분이 가난한 어부들, 학교 문턱에도 가 본 적이 없는, 시쳇말로 낫 놓고 기역 자도 모르는 무식한 사람들을 택하신 일을 볼 때 더욱 분명해집니다.

훗날 다른 이들을 부르실 때, 그분은 예루살렘 안이나 명망 있는 제사장 계급에서 택하지 않으셨습니다. 오히려 알려지지 않은 사람들, 그때까지 아무것도 아닌 것으로 간주되던 이들을 택하셨습니다. 나중에 우리는 책상에 앉아 돈을 세느라고 바빴던, 모든 이들로부터 미움을 받던 세리 마태가 어떻게 부르심을 받는지 살펴볼 것입니다. 만약 그리스도께서 어째서 높은 지위에 있던 이들보다 그를 사도로 택하고자 하셨는지 알고자 한다면, 앞서 말씀드렸듯이 그런 노력은 우리를 어디에도 이르게 하지 못할 것입니다. 그러므로 주님께서 **자신이 원하는 자들을 택하셨다**는 마가의 진술에 신중하게 주목할 필요가 있습니다. 다시 말씀드리지만, 이 말씀이 우리의 모든 억측과 추측을 억제하도록 해야 합니다. 우리는 하나님의 역사에 관해 적절한 선 이상을 알려 하거나 그분의 계획에 대해 마땅한 정도 이상으로 개입하려 해서는 안 됩니다.[2] 그분이 하시는 일이 공평함과 지혜와 의로움의 표준에 완벽하게 부합한다는 사실을 받아들여야 합니다. 비록 그러한 것들이 우리의 지식을 초월하더라도 말입니다.

그들을 택하신 이유

첫 번째 요점에 대해서는 이 정도로 말해 둡시다. 주목해야 할 두 번째 요점이 있습니다. 인간은 아무것도 아닙니다. 우리는 하나님이 해명하시도록 만들 만한 어떤 것도 그분께 가져길 수 없습니다. 성경은 "누가 먼저 내게 주고 나로 하여금 갚게 하겠느냐?"라고 말씀합니다.[3] 만약 하나님이 우리를 존중해 주시기 원한다면, 그분께 제공할 만한 무언가를 우리 것으로 갖고 있어야 합니다. 그분이 우리에 대해 어떤 특별한 의무나 채무도 갖고 계시지 않는다면, 도대체 그분께 무슨 혐의를 씌울 수 있겠습니까? 분명한 사실은 우리가 가진 모든 것은 오직 그분이 주셨기에 우리 것이 되었다는 점입니다. 우리와 우리의 인품과 그분이 우리 안에 두신 모든 것은 그분께 속해 있습니다. 우리는 그것들에 대해 그분께 해명할 의무가 있습니다. 무엇보다도 그분은 우리에게서 아무것도 필요로 하지 않으십니다. 시편 16편이 노래하듯이,[4] 우리 일 중 어떤 것도 그분이 계신 곳에 이르지 못합니다.

그러므로 우리는 하나님이 우리를 어떤 명성이나 책임이 있는 자리로 부르시는 까닭은 그분 자신의 선하신 기쁨 때문이지, 우리가 상상하듯 우리를 다른 이들보다 더 유능하다고 여기시기 때문이 아니라는 결론을 내려야 합니다. 하나님의 목표는 모든 것이 인간의 공로가 아니라 당신의 은총에 달려 있음을 보이셔서 우리를 낮추시는 데 있습니다. 만약 일시적으로 지위가 높아지는 일의 사정이 이러하다면, 그 원칙이 영원한 구원에는 얼마나 더 많이 적용되겠습니까! 하나님이 우리를 예수 그리스도의 지체로, 그분의 천국 영광에 참여하는 자로 삼기 위해 자녀로 택하실 때, 우리가 어떤 신용도를 주장할 수 있겠습니까? 그렇게 주장한다면, 우리는 그런 배은망덕함 때문에 모든 것을 잃지 않겠습니까? 이것이 우리가 주목할 가치가 있는 또 다른 요소입니다.

마가와 누가 모두 이 구절들에서 열두 제자가 겪을 훗날의 역사와 관련한 사건들을 암시합니다. 어쨌거나 그들이 말하고자 했던 바는 그리스도께서 이미 그들을 사도로 임명해 놓으셨다는 점이 아닙니다(이 문제는 적절한 때에 살펴볼 것입니다). 물론 그들은 분명 사도직에 대한 기대와 함께 따로 구별되었습니다. 그리하여 예수님 제자들 중에서 때가 무르익었을 때 유용하게 쓰일 만한 열두 사람으로 이루어진 선택된 집단 하나가 나타났습니다. 하지만 처음부터 그들이 사도로 임명받지는 않았고, 복음 전하는 과업을 즉시 부여받지도 않았습니다. 그럼에도 우리 주님은 그들을 자신의 종들로 받아들이셨습니다. 그들은 그분께 와서 순종을 바치며 훗날의 사도직을 위한 길을 준비했습니다. 예수께서는 그들을 사도로 부르셨을 때, 그들의 현재 소명이 아닌 미래 임무를 고려하셨습니다. 요약하자면, 우리는 그리스도께서 열둘을 따로 세우신 일이 그들을 훈련하고, 이를테면 가다듬기 위해서라는 점을 압니다. 우리는 그들이 거친 사람들이었음을 분명히 알고 있습니다. 비록 그들이 입을 열기 전에 어떤 교육을 받기는 했으나 너무 무식하고 둔감하기에, 그들이 모든 지혜의 근원이자 세상의 빛이신 하나님의 아드님으로부터 얼마나 적게 배웠는지 우리가 안다면 얼굴이 붉어질 정도입니다. 그러니 그분이 그들을 그대로 내보내셨다면 어찌 되었겠습니까? 그랬다면, 도대체 그들이 훗날 위임받은 메시지, 즉 구원의 메시지를 어떻게 선포할 수 있었겠습니까? 그들은 한마디도 제대로 전할 수 없었을 것입니다!

이제 우리는 우리 주님의 의도를 이해할 수 있습니다. 그것은 임무를 맡기기에 앞서 택하심을 받은 열둘을 사도로 준비하게 하려는 것이었습니다. 이에 대해서는 앞으로 더 많은 말이 필요하겠습니다. 그러나 그때조차 그분은 자신의 목표가 사도인 그들을 완전한 교사가 아니라 말씀하실 분이 도착했음을 알리는 나팔수로 만드는 일이라고 그들에게 얘기하실 것입니다. 사도들은 사람들이 예수 그리스도의 말씀을 듣고 그분의 가르침을 받아들이고 길을 예비하도록 명령하는 전령 역할을 했는데, 우리는 세례자 요한이 이미 그렇게 했던 것을 알고 있습니다. 처음 사도들의 임무는 세례자 요한처럼 광범위하지 않았습니다. 부활 후에야 그렇게 광범위해졌습니다. 그러나 이 문제는 따로 다루도록 하겠습니다.

제가 오늘 아침에 말씀드렸던 것처럼,[5] 우리 주 예수 그리스도께서 세상에 계실 때만 주인, 예언자, 교사의 직무를 이행하셨던 것이 아님을 알 수 있습니다. 그분은 미래에도 같은 일을 계속하시면서 교회가 구원에 관한 가르침을 잃어버리지 않게 하실 것입니다. 이는 그분이 자신에게 속한 모든 이들의 구원에 얼마나 큰 관심을 두고 계시는지를 우리에게 보여 줍니다. 열둘이 택하심을 받은 것은 단지 당시에 살아 있던 이들만을 위해서가 아니라 우리를 위해서이기도 합니다. 즉 오늘 우리가 그들의 가르침이 주는 유익을 여전히 향유할 수 있게 하시기 위함입니다. 오늘날, 확고한 열심에 대한 베드로의 모범은 우리에게 구원의 길을 보여 줍니다. "우레의 아들"이라고 불렸던 요한의 음성은 오늘날에도 모든 곳에서 울립니다. 둘 다 우리에게 깊은 감동을 줄 것입니다.

그러므로 우리는 그리스도께서 향후의 복음 운동을 염두에 두시어 우리가 복음을 그분 자신의 입술을 통해 듣게 할뿐 아니라, 그분의 죽으심과 부활 후에 성부 하나님과의 화해에 관해 설교할 다른 이들이 있게 하시려 했음을 이해해야 합니다. 바로 이것이 그분이 여기서 이름이 거론된 이들을 택하신 이유였습니다.

기도하신 이유

계속해서 본문은 **그분이 기도하러 산으로 올라가셨고 밤새도록 기도하셨다**고 말씀합니다. 여기서는 기도 문제를 간단하게 언급만 하고, 더 철저한 논의는 더욱 적절한 때로 미뤄 둘 것입니다.[6] 우리 주님께서 자신을 위해 기도하실 필요가 없다는 점은 분명합니다. 그러나 그분은 교회의 머리이셨기에, 또한 (흠이 없는 존재로서) 죄를 제외하고 우리의 모든 연약함을 아시는 분이었으며 우리의 본성을 입으시고 참으로 우리와 하나가 되셨기에, 우리 형제이신 그분은 기도하실 필요가 있었습니다. 실제로 그분은 우리에게 기도의 모범을 보이셨습니다. 그분께 기도는 가식에 불과했다고, 또한 그분이 단지 어떤 필요 의식에도 영향받지 않고 어떤 일을 행하시는 모습을 보여 주셨다고 여기는 것은 아주 큰 잘못입니다. 적절한 때에 그분이 기도 문제에서 얼마나 단호하셨는지 살펴보겠습니다. 도대체 우리는 피와 물을 쏟을 만큼 강렬하고 열정적으로 하나님께 기도했던 때가 있습니까? 나중에 그분과 관련해 이 문제에 대해 말하게 될것입니다. 만약 우리가 기도하는 중에 하나님께 탄원하며 운다면, 우리가 참으로 동요하고 있음을, 그런 탄원이 거짓이 아니라 어떤 필요가 우리를 강제하고 있음을 보여 주는 일 아니겠습니까? 요한복음 17장에서 우리는 예수께서 나사로를 살리시면서 우셨던 기록을 읽습니다.[7]

요약하자면, 성경이 예수 그리스도께서 기도하셨다고 전할 때마다, 우리는 그분이 단지 자신을 낮추셨던 것이 아니라 우리의 구원을 위해 스스로 아무것도 아닌 존재 — 이것은 바울이 그분을 묘사할 때 쓰는 용어입니다 — 가 되었다고 결론을 내려야 합니다.[8] 만약 우리 주님이 중간 계급 정도 위치로 물러나셨다고 할지라도, 그 자체가 놀라운 무언가가 되었을 것입니다. 그러나 그분이 우리의 모든 연약함에 굴복하고, 제가 말씀드렸듯이 우리의 악한 갈망을 제외하고(그분 안에는 하나님의 의로우신 율법에 반대되는 것이 아무것도 없기에 그분은 죄와 죄의 모양으로부터 자유로우십니다) 그 모든 연약함을 스스로 취하기로 하셨다면, 그것은 도대체 얼마나 큰 제한 없는 사랑의 징표이겠습니까! 그러므로 이 모든 점에서 우리는 그분에게 기도가 얼마나 필요했는지 알게 됩니다. 따라서 그분은 제자들을 택하실 시점이 되었을 때 아버지 하나님께서 자기를 이끄시어 올바른 선택을 하게 해 주시기를 간구하셨습니다. 여기서 그분은 인간으로서 자기 능력을 따라 행동하셨습니다. 하나님으로서는 그럴 수 없기 때문입니다. 그러나 주님이신 그분은 우리와 너무나 많이 같기에 전가에 의해 우리 것은 그분 것이 됩니다. 언제나 그리고 모든 곳에서 그분은 우리의 모범이십니다.

그러므로 하나님이 그리스도가 행하실 선택을 이끌어 주시는 일이 필요했습니다. 바로 이것이 그리스도께서 그토록 간절하게 기도하셨던 이유입니다. 우리에게 익숙한 방식으로 부주의하게, 단지 형식적으로 드리는 기도가 아니었습니다. 그분은 기도로 온밤을 지새우셨습니다. 이 사실이 우리의 게으르고 냉담한 기도 행태를 얼마나 꾸짖는지 주목하시기 바랍니다. 우리는 우리가 아침저녁에 기도할 때 놀라운 일을 하고 있다고 상상합니다. 우리 길을 가로막는 수많은 왜곡된 것들에도 우리가 적절하게 영적이라고 느낍니다. 그러나 여기서 주님께서 우리를 위해 제시하시는 것은 아주 다른 패턴입니다. 그분은 교회를 위한 자신의 여러 근심을 하나님 앞에 내려놓고 마침내 그분 안에서 쉼을 얻을 때까지 걱정하면서 그리고 영혼의 곤고함을 견디면서 날이 밝을 때까지 깨어 계셨습니다.

만약 우리가 예수께서 하신 일이 그분께만 독특한 것이었다고 주장하려 한다면, 우리는 다윗이 자신에 관해 말하는 내용이나 바울이 — 그는 자랑하기 위해서가 아니라 모든 곳에 있는 신자들을 가르치기 위해 말하고 있습니다 — 어떻게 밤낮으로 하나님 앞에 무릎을 꿇었는지 살펴볼 필요가 있습니다.[9] 그러므로 우리가 무력감을 느끼고 기도할 마음이 반밖에 없을 때, 더 나쁘게는 기도할 의지가 마땅히 그래야 하는 것의 10분의 1이나 100분의 1밖에 없을 때, 우리는 자신을 훈련하는 법을 배워야 합니다. 그리스도의 모범이 기도에 대한 우리의 나태한 접근 방식을 수정하도록 자극하는 박차가 되게 합시다. 적어도 하나님 앞에서 탄식하며 그분께서 우리 잘못을 용서해 주시기를 간구합시다. 우리의 잘못은 그분께로 가는 문을 닫고, 우리의 접근을 막고, 기도가 응답되는 일을 방해할 수 있기 때문입니다.

우리는 이렇게 말해야 합니다.

"주님, 저는 가련하고 비참한 피조물이며, 고개를 들고 당신에게서 무언가를 구할 만한 가치도 없습니다. 그럼에도 당신은 계속해서 저의 손을 붙잡아 주십니다. 당신의 품은 넓습니다. 비록 제가 당신으로부터 멀리 있을지라도, 저로부터 당신의 은혜를 거두지 말아 주십시오. 제가 저지른 모든 일에도 불구하고, 당신의 한없는 권능을 저에게 펼치시고 저의 간구에 귀를 기울여 주십시오."

이것이 우리가 이 구절로부터 얻을 수 있는 또 다른 진리입니다.

사도들의 호칭이 의미하는 것

성경은 계속해서 **그분이 시몬 베드로와 세베대의 아들들을 부르셨다**고 말씀합니다. 그 본문이 "보아너지스"(Boanerges)

라는 이름을 갖고 있음은 사실입니다. 그러나 우리는 이를 "베나이 레지스"(Benai reges), 즉 "우레의 아들들"로 읽어야 합니다. 이런 변화는 드물지 않습니다. 우리 언어에서 적절한 이름이 다른 언어로 번역될 때, 그것은 종종 정확하게 번역되지 않습니다. 베드로가 게바라고 불릴 때처럼 말입니다. 이는 애초에 그리스도께서 그를 불렀던 이름이 아닙니다. 게바라는 이름과 베드로라는 이름 사이에 무슨 닮은 점이 있습니까? 그리스어와 라틴어를 취하면, "피터"(Peter)와 그렇게 불렸을 "페트레"(Petre) 사이에는 큰 차이가 있습니다.[10] 그러므로 우리는 음절 하나나 둘이 변한 것에 지나치게 놀라서는 안 됩니다. 복음서 기자는 특별히 요한과 그의 형제 야고보에게 주어졌던 별명에 관해 설명합니다.

모든 사도가 적절하게 "우레의 아들들"로 불릴 수 있다는 점은 사실입니다. 예언자 학개가 말하듯이, 복음이 선포되면 하늘과 땅이 흔들리고 온 세상이 떱니다.[11] 베드로는 야고보와 요한 못지않은 복음의 대사였으나, 그는 그런 이름으로 불리지 않았습니다. 그럼에도 주 예수 그리스도께서 여기서 특별히 보여 주고자 하시는 바는 그분이 어떻게 야고보와 그의 형제 요한 안에서 일하실 것인가 하는 점입니다. 같은 이유로 "베드로"라는 말은 모든 신자에게 적용될 수 있습니다. 사도 자신이 우리에게 하나님의 교회에 속한 살아 있는 돌로 ― 각각의 돌은 그 토대인 예수 그리스도에게 의존합니다 ― 세워지라고 촉구할 때 말하듯이 말입니다. 베드로는 자신과 하나님의 모든 자녀 사이에 있는 공통점을 보여 줍니다. 살아 있는 돌들로서 그들은 교회라는 영적인 몸을 세우는 역할을 합니다. 그러나 그는 우리가 그의 본보기로부터 힘을 얻도록 일관성과 용기를 드러내기 위해 택하심을 받은 자로서 그 이름을 정당하게 지니고 있습니다.

여기서 우리 주님이 사도들을 그들 자신의 것으로 생각될 수도 있는 어떤 자질들 때문에 칭찬하려는 의도를 갖고 계시지 않다는 데 주목하시기 바랍니다. 야고보와 요한이 어떻게 그들의 우렛소리로 누군가에게 영향을 줄 수 있었겠습니까? 그들은 언제나 물 위에 있었고 말 못 하는 바다 생물들인 물고기들에게나 말을 걸었을 뿐입니다! 그들 스스로는 여기서 그들에게 귀속된 그 어떤 자질도 갖고 있지 않았습니다. 이는 베드로에게도 해당되는 말입니다. 우리는 그가 나중에 얼마나 비참하게 넘어졌는지, 그리고 성령께서 위로부터 그분의 능력으로 그를 붙잡아 주시지 않았다면 얼마나 더 많이 실족했을지 압니다. 베드로 안에는 결함 외에는 아무것도 없었습니다. 그는 물만큼이나 약했고 순식간에 기절했을 것입니다. 우리 주님께서 그에게 부여하신 호칭은 단지 그분이 그에게 주실 권능을 기대하게 할 뿐입니다. 이는 세베대의 아들들에게도 똑같이 해당되는 말입니다. 그들은 "우레의 아들들"이라고 불렸는데, 그들이 우레와 같은 강력한 효과를 지니는―우리가 조금 전에 시편에서 하나님이 우렛소리로 숲의 사슴을 낙태하게 하시고 나무들을 쓰러뜨리시고 산들을 흔들리게 하신다는 말씀을 들었을 때처럼—말을 해서가 아니었습니다.[12] 요한과 야고보는 아주 평범한 사람들, 세련된 모임에 나타나기 부끄러워했을 만한 가난하고 무지한 사람들이었습니다. 그러나 그들을 그런 이름으로 부르셨을 때, 그리스도께서는 동시에 그런 은사를 그들에게 부여하셨습니다. 간략히 말하자면, 우리는 그분이 이 세 명의 제자를 숭배할 대상으로 만들거나 그들에게 귀속된 것이 그들로부터 나왔다고 암시하려는 뜻을 갖고 계시지 않았음을 알 수 있습니다. 대신 우리가 그들 안에서 작동하는 그분의 선하심을 알아차리게 하셔서 성부께서 그분에게 부여하신 풍성한 은혜를 우리가 좀 더 기꺼이 높이기를 바라셨습니다. 그뿐 아니라 예수께서는 베드로를 사용하고자 하시면서 제자직의 권위를 높이시기 위해 그에게 명예로운 호칭을 부여하신 것이 분명합니다. 이는 야고보와 요한에게도 똑같이 해당되는 말입니다.

오늘 우리는 베드로가 남긴 가르침을 읽을 때, 하나님의 진리에 굳건하게 서 있으며 거기서 절대 움직이지 않을 것이라고 확신할 수 있습니다. 우리의 신앙은 시험받을 수 있으나 흔들리지 않고 남아 있을 것입니다. 마귀가 아무리 계속해서 우리를 공격할지라도, 우리는 하나님의 변치 않는 진리를 붙잡아야 합니다. 하나님의 진리의 사역자인 베드로는 우리에게 절대 흔들리지 말라고 명령하는 이름을 지니고 있기 때문입니다. 또 우리는 요한의 복음서나 서신들을 읽을 때도 두려움과 경외감으로 감동하며 그 내용을 받아들여야 합니다. 분명히 거기서 우리는 요한의 우렛소리를 식별합니다. 살아 있는 그 누구도 탁월한 가르침이라는 측면에서 그와 경쟁할 수 없을 정도입니다. 그리고 우리 머리가 너무 나쁘지 않다면, 분명 우리는 그가 쓰는 모든 말로 인해 매혹될 것입니다. 그러므로 사도들에 대한 호칭의 실제 의미는 이렇습니다. 이 호칭들은 우리에게 중요한 교훈이 됩니다. 베드로, 야고보, 요한이 행한 가르침이 우리에게 참된 것임을 입증하기 위한 것이기 때문입니다.

가룟 유다를 택하신 이유

이쯤에서 우리는 다음과 같은 물음을 제기할 수 있습니다. 주 예수 그리스도께서 어떻게 가룟 유다를 택하셨던 것일까? 만약 그분이 유다가 어떤 종류의 사람인지 모르셨다고 우리가 답한다면, 예수님이 성부께 드린 기도가 응답받지 못했으니 그분이 헛된 기도를 드리셨다는 얘기가 됩니다. 이것은 명백하게 터무니없는 말입니다. 나중에 살펴보겠지만, 그분은 인간에게 얼마나 신의가 없는지 잘 알고 계셨습니다. 주님이 유다를 택하신 것은 오류나 무지가 아니었습니다. 그렇다면 어째서 그분은 유다를 이스라엘의 재판관과 지도자들로 택하셨다고 확언하시는 거룩한 사도의 무리 — 이를테면, 열두 지파를 이끄는 열두 명 — 가운데 두셨을까요? 그분이 도둑이요 배반자요 사악함의 경상(鏡像, 거울에 비친 좌우가 바뀐 물체의 상 — 옮긴이) 같은 유다를 그런 지위에 임명하신 일은 얼마나 이상한가요?

이와 관련하여 먼저 우리가 매일 접하는 추문들에 맞서 무장하고 준비하는 일이 중요하다는 점을 알아야 합니다. 종종 우리는 하나님께서 어떤 사악한 이들이 교회에서 우월한 지위에 올라 그들의 사악함이 만천하에 드러날 때까지 기독교 신앙의 기둥인 척하게끔 허락하시는 것을 보고 놀라곤 합니다. 하나님이 단지 그런 일들을 허락하실 뿐 아니라 실제로 일어나게 하신다는 말을 들을 때, 우리는 (마치 우리에게 그렇게 해야 할 권리라도 있는 것처럼) 이렇게 반대할지도 모릅니다. "뭐라고? 교회는 하나님의 성전이라고 불리는 곳이다. 불결한 것은 그 어떤 것도 교회 안으로 들어와서는 안 된다. 교회는 흠이나 티가 없어야 한다. 오직 천사의 순결함과 완전함만이 소용 있을 때 어떻게 하나님께서 그분의 일이 그렇게 오염되고 더럽혀지도록 허락하실 수 있는가?"

이것은 우리가 오직 우리 자신의 이해에만 의지할 때 내리는 판단입니다. 그러나 하나님은 우리를 다른 방식으로 가르치십니다. 교회 — 나중에 보게 되겠지만, 이것이 그분의 뜻입니다―는 좋은 물고기와 나쁜 물고기를 모두 모으는 그물과 같습니다. 혹은 좋은 곡식과 가라지가 섞여 있는 타작마당과 같습니다.[13] 본질적으로 바로 이 점이 그런 것들이 함께 존재하는 이유입니다. 그러나 우리가 그 이유를 찾지 못한다면 어찌되겠습니까? 그럼에도 하나님의 명령에 복종해야 합니다. 설명을 찾는 일은 시간 낭비입니다. 사실 바울이 이단들에 관해 말하듯이, 이런 일들은 일어나야 합니다. 그래야 하나님으로부터 참된 승인을 받은 이들이 분명하게 드러날 수 있기 때문입니다.[14] 여러분은 어째서 그런 것이냐고 물을 것입니다. 모든 일이 적절하게 운영될 때, 그리고 큰 자와 작은 자 모두가 연합해서 하나님을 섬길 때는 사기꾼도 부끄러움을 느끼며 적절하게 행동할 것입니다. 나중에 보겠지만, 심지어 그들은 자기들이 영적으로 가장 앞선 자들 중에 있다고 주장할 것입니다. 문제가 생기고 훼방거리가 나타날 때, 자기 안에 신앙이나 하나님에 대한 견고한 경외심이라는 중요한 뿌리를 갖고 있지 않는 자들은 기회를 타서 극도로 해악을 끼칠 것입니다.[15] 만약 거짓된 교리가 선포된다면, 이전에 모든 문제에 동의한다고 고백했던 어떤 이들은 이단의 주장에 귀 기울일 것입니다. 혹은 악당이 교회의 평안과 선한 통치를 혼란스럽게 하고자 한다면, 모든 조심성을 밀쳐 두고 그를 지지한다고 의사를 표명하는 이들이 나올 것입니다. 그러하기에 하나님은 자신의 교회가 이런저런 사람들로 뒤섞이도록, 즉 사악한 자들과 조롱하는 자들과 세속적인 자들과 부도덕한 자들이 정직하고 신앙이 충만한 자들과 섞이도록 하시는 것입니다.

이런 일은 단지 평범한 사람들에게만 국한되지 않습니다. 지도자들 사이에서도, 유력한 사람들 사이에서도 나타납니다. 이는 유익한 교훈을 주기 위한 것입니다. 적그리스도와 관련해 기록된 말씀이 있습니다. 그가 하나님의 성소에 앉으리라는 것입니다.[16] 같은 방식으로 바울은 목사들과 그 직무로 부르심을 받은 자들 가운데 자기 양떼를 삼키려는 탐욕스러운 늑대가 많을 것이라고 말합니다. 바울은 자신이 부르고 택했던 사람들을 향해 말하면서도 이렇게 선언합니다. "또한 여러분 중에서도 제자들을 끌어 자기를 따르게 하려고 어그러진 말을 하는 사람들이 일어날 줄을 내가 아노라."[17]

이것이 하나님이 우리의 견고함과 신앙의 온전함을 시험하시는 방식입니다. 그분은 사탄에게 당신의 교회 안에 자유롭게 혼란의 씨를 뿌릴 권리를 제공하십니다. 이때 그분의 목표는 우리를 낮추시고, 우리를 넘어지게 하고 세상을 파멸에 이르게 하는 모든 것으로부터 우리가 구원을 얻기 위해 기도하도록 촉구하시는 데 있습니다. 우리가 세상이 점점 더 나아지고 있다고 여긴다면, 우리는 곧 무관심에 빠질 것이며, 기도를 높이 평가하고 도움을 얻기 위해 하나님을 바라보는 일을 그칠 것입니다. 그러나 우리가 우리 가운데서 악을 행하는 자들과 우리를 비웃는 자들과 섞여 살아가면서 우리의 비참한 상황을 인식할 때, 우리는 탄식하면서 혼란이 종식되도록, 그리고 하나님이 통치권을 발휘하시고 이미 시작된 일을 번성하게 하시고 비준하시고 계속 승인해 주시기를 기도할 수밖에 없습니다.

바로 이것이 우리가 여기서 기억해야 할 내용입니다. 유다가 사도들 중 하나로 택하심을 받은 것은, 설령 오늘날 지도자들 중 누군가가 비틀거릴지라도 계속해서 우리가 확고부동하게 하나님께 순종하게 하시기 위함입니다. 그러므로 우리가 사람에게 의지하면서 이렇게 말하는 것은 잘못된 일입니다. "상상해 보라! 우리가 신앙의 기둥으로 여겼던 이가 우리를 배신했다! 그는 여러 해 동안 스스로 고백했던 가르침을 뒤엎었고 배교자가 되었다! 이제 우리는 무엇을 붙들어야 하는가? 확신을 얻기 위해 어디로 돌아서야 하는가?"

여기서 유다가 우리 앞에 제시된 것은 이런 종류의 고민을 방지하기 위해서입니다. 그는 사도로 택하심을 받았습니다. 그러나 그는 비틀거렸고 길을 잃었습니다. 그럼에도 교회는 견고하게 남았고 하나님의 성령의 권능으로 보호하심을 받았습니다. 그러므로 우리가 한때 작은 천사처럼 명망 있던 어떤 이가 넘어지는 모습을 볼 때, 우리는 하나님이 자기 백성에게 자비를 베푸시리라는 점과 바울이 디모데후서 2장에서 하는 말이 사실이라는 점을 알아야 합니다.[18] 만약 우리가 하나님의 이름을 부르고 죄로부터 멀어진다면, 그것은 우리에 대한

그분의 승인 표시입니다. 우리 주 예수 그리스도께서는 누가
자기 백성인지 아십니다. 그분은 그들 위에 자기 도장을 찍으
셔서 그들이 자신의 안전한 손안에 있음을 보여 주십니다. 우
리는 또한 예수께서 요한복음 10장에서 약속하신 것, 즉 그분
이 성부께로부터 받은 모든 이들 중 아무도 멸망하지 않으리
라는 약속을 기억해야 합니다. 그분은 마지막 날까지 그들 모
두를 선하게 돌보실 것입니다.[19]

하나님의 일은 흔들리지 않는다

이제 다음 요점을 살펴보겠습니다. 사람들이 이처럼 넘어
지는 모습을 볼 때, 우리는 자기 자신을 면밀하게 살피라는
경고를 받아야 합니다. 바울은 유대인들에 관해 말하는 어느
구절에서 선 자들은 넘어지지 않도록 조심해야 한다고 말합
니다.[20] 우리는 우리보다 훨씬 더 훌륭했던 이들이 교회로부
터 끊어질 때 경고를 받음으로써 스스로 조심하며 겸손해져
야 합니다. 우리 태도는 다음과 같아야 합니다. "아아! 하나님
이 그분의 은혜로 놀랍게 보호해 주시지 않는다면 우리에게
도 같은 일이 일어날 수 있다!" 이 점에 유념하시기 바랍니다.

또한 명예로운 자리를 얻은 이들은 모든 자만심을 멀리해
야 한다는 점에 유념해야 합니다. 그들은 그 어떤 추락도 자
신들이 모호한 위치에 있을 때보다 훨씬 더 치명적인 것이 되

리라는 점을 기억해야 합니다. 종종 언급되듯이, 어떤 이가 자신의 키 정도 높이에서 떨어질 때는 다시 일어설 수 있지만, 지붕이나 높은 창문으로부터 떨어진다면 어떤 도움도 얻지 못할 것이기 때문입니다.[21] 긍휼하신 하나님이 우리를 자기편으로 이끄시고 다른 무리로부터 구별하신다면, 그때 우리는 모든 사람이 보도록 무대 위에 올라선 사람들과 같습니다. 만약 그곳에서 떨어진다면, 이는 우리가 한낱 보잘것없었을 때보다 훨씬 더 나쁜 일이 될 것입니다. 이 역시 깊이 생각해 볼 가치가 있는 문제입니다. 왜냐하면 우리가 유다가 단지 그리스도의 무리에 속했을 뿐 아니라 사도였음에도 — 이것은 훨씬 더 중요한 역할입니다 — 마귀라고 불렸다면,[22] 우리 사정이야 말해 무엇하겠습니까?

적어도 우리는 인간의 죄 때문에 하나님을 비난하지 않는 법을 배워야 합니다. 만약 우리에게 유다의 사례만 있다면, 오늘날 사도직은 조롱의 대상이 될 것입니다. 더 나쁘게 우리는 마귀나 다름없는 어떤 이가 실제로 사도라는 말을 들으면 혐오감을 느낄 것입니다. 그럴 때 우리는 어떻게 되겠습니까? 사실 우리는 모두 성경이 여기서 말씀하는 바에 대해 투덜거릴 준비가 되어 있습니다. 다만 이것을 확신하십시오. 인간의 죄책 중 최악의 경우조차 하나님이 정하신 계획에 아무런 영향을 주지 못합니다. 제가 드리는 말씀의 정확한 의미가 무엇이겠습니까? 행정관들과 판사들이 부패하고 악한데다,

사회질서를 왜곡하는 일에 열중하며, 뒤틀리고 사악할 뿐 아니라 삶의 방식이 방탕하다고 가정해 보십시오. 그런 이들, 즉 약한 자를 강탈하고 삼키는 폭군들을 볼 때, 우리는 그들이 맡은 직무가 손상되었고 하나님이 그 직무에 부여하신 명예와 권위가 흠을 입었다고 결론지어야 합니까? 그렇지 않습니다! 인간이 자신을 악으로 얼마나 많이 더럽히든 간에, 그들은 하나님의 일에 영향을 줄 수 없습니다. 그런 일은 완전하게 그리고 더럽혀지지 않은 채 남아 있습니다.

이는 말씀을 다루는 자들에게도 똑같이 해당됩니다. 우리는 어떤 이들이 단지 불량배에 지나지 않는다는 것을 압니다. 말하자면 어떤 이들은 하나님의 말씀을 내다 파는 아첨꾼들입니다. 또 어떤 이들은 오직 이익을 얻기 위해 설교하는 장사들입니다. 다른 이들은 오만과 야심으로 가득 차 있고 자신을 과시하는 데 열중합니다. 또 다른 이들은 타락하거나 부도덕한 술주정뱅이 같은 자들입니다. 이 모든 사실에도 불구하고 하나님의 말씀은 우리 가운데서 경외되어야 하며, "목사"라는 호칭은 거룩하게 존경받아야 합니다. 그것은 하나님 안에 근거하고 있지, 인간의 변덕과 악으로 향하는 인간의 성향에 의존하지 않기 때문입니다.[23] 간략하게 말하자면, 바로 이것이 우리가 배워야 하는 점입니다. 나머지는 다른 시간에 설명하겠습니다.

이제 우리의 선하신 하나님의 얼굴 앞에 엎드려 우리
죄를 시인하고 그분께서 성령으로 우리를 깨끗하게 하사,
비록 우리가 악하고 불결할지라도, 우리를 그분의 성전의
산 돌들로 만들어 주시기를 간구합시다. 그리고 우리가
참으로 그분이 놓으신 토대이신 우리 주 예수 그리스도
위에 세워지기를 간구합니다. 비록 우리가 단지 겨우
들릴 만한 약한 음성을 지닌 가련한 선생들일지라도,
우리가 세상 모든 곳을 울리는 하나님의 우렛소리에
영향을 받아 계속해서 그분의 의로우심의 방식을 따라
변화되기를 간구합시다. 우리는 우리 안에서 수많은
연약함을 발견합니다. 그러므로 우리는 기도하면서 끝까지
인내하여 믿음의 연합을 통해 강해지고 마귀가 우리 앞길에
놓인 문제와 방해물이 무엇이든 그것 때문에 믿음의
청결함으로부터 떠나지 맙시다. 우리 앞에 놓인 모든
어려움을 극복하고 마침내 우리에게 약속된 목표에 이르는
날까지 우리가 시작한 경주를 마칩시다. 그러므로 우리
함께 이렇게 기도합시다. 전능하신 하나님, 우리의 하늘
아버지시여….

해설

복음서들의 조화에 관한 61번째 설교

Badius, pp. 1096-1113; *CO* 46.761-772.

칼빈에게 팔복은 마태복음 5:3에 나오는 첫 번째 복 (*makarioi*)으로부터가 아니라 가장 이른 시기에 이루어진 제자들을 향한 주님의 부르심으로부터 시작된다. 예수께서 가르치기 시작하시기 이전의 복음서 이야기에는 은혜가 기록되어 있다. 설교자는 팔복이 선포되었던 배경보다 그 말씀을 들었던 핵심 청중을 묘사하는 데 더 관심을 둔다. 그리하여 "우레의 아들"이라는 아람어 표현과 베드로/게바라는 이름에 관한 짧은 언어학적 해설이 나타난다.

그러나 칼빈의 가장 중요한 관심사는 다음과 같은 두 질문으로 정리된다. "부르심을 받은 자들은 어떤 자질을 갖고 있었는가?" 그리고 "어째서 이들이 다른 사람들보다 선호되었는가?"

이에 대한 그의 답은 개성적으로 확고하고 어느 정도 잘 발전되어 있다. 오직 그리스도의 의지만이 열두 제자 선택

을 설명한다는 얘기인데, 이는 상대적 장점에 대한 어떤 계산
도 소용없게 만든다. 제자들은 "거친 사내들", 배우지 못한 자
들, 최고의 사도직 후보자가 될 가능성이 없는 자들로 제시된
다. 그러나 이어서 칼빈은 인간들 중 가장 재능 있는 사람조
차 하나님의 수용 가능성이라는 기준을 만족할 수 없다고 선
언한다. 우리는 모두 똑같이 하나님의 차별 없는 친절에 의존
하는 거지들에 불과하다.

기도하시는 예수님에 대한 짧은 묘사 후에 세 번째이자 더
곤란한 질문거리가 나타난다. "어째서 가룟 유다인가?" 이 질
문에 대한 답은 칼빈이 유다 이야기에서 배워야 할 교훈을 살
핀다는 점에서 어느 정도 간접적이다. 이 배신자에 대한 묘사
는 세상의 교회가 지닌 혼합된 본성을 예시한다. 유다는 순진
하게도 가시적인 교회 안에서 완전함을 기대하는 이들을 향
한 경고와, 문제와 변절 때문에 낙심하는 자들을 위한 자극,
그리고 교만한 자들에게 추락하지 않도록 조심하라는 호출
명령으로 기능한다.

이런 답은 유다의 파멸이라는 도덕적 문제를 해결해 주지
않는다. 에둘러 말하자면, 이 질문에 대한 해결책은 인간의
지식 너머에 있다. 그 대신에 설교자는 그의 마지막 주제, 즉
하나님의 가장 으뜸가는 특권 문제로 서둘러 나아간다. 하나
님이 인간사의 질서를 위해 세우신 제도는 그것이 무엇이든,
우리가 아무리 비웃거나 왜곡할지라도 결코 실패할 수 없다.

인간의 죄는 하나님을 손상하거나 그분의 목적을 좌절시키지 않는다. 교회 안에 있는 죄는 분명히 개탄스럽다. 그러나 그것은 복음을 무효화하지 않고 설교 사역을 불필요하게 만들지도 않는다. 은혜의 사역은 오직 말씀을 듣는 일을 통해서만 유지된다.

주

1 **요한복음 15장.** 요한복음 15:16.

2 **그분의 계획에 대해 마땅한 정도 이상으로.** 칼빈의 관점에서 볼 때, 창조 세계와 성경을 통한 하나님의 자기 계시는 사람들을 회개와 믿음으로 이끌어 가고 불신자들을 변명할 수 없게 만들기에 충분하다. 그러나 일반 계시나 특별 계시조차 하나님과 그분의 숨겨진 계획의 신비를 완전하게 밝혀 주지는 않는다. 추측은 크게 무너진다. 그것은 수익성 없는 활동, 풍성한 오류의 원천, 그리고 인간을 끊임없이 공격하는 죄 곧 지적 오만에 대한 징후다. *Inst.* 3.23.8. 참조: "하나님의 많은 비밀 앞에 굴복할 정도까지 그분의 무한한 지혜에 우리의 이해를 복종하는 일을 두려워하지 말자. 아는 것이 허락되지 않거나 적법하지 않은 것들과 관련해 무지는 지혜이고, 알고자 하는 갈망은 미친 짓이기 때문이다." 하나님의 근본적 속성인 불가사의함에 관해서는, Richard Stauffer, *Dieu, la création et la providence dans la prédication de Calvin* (Berne: Peter Lang, 1978), pp. 19-23; 109-110을 보라.

3 **누가 먼저 내게 주고 나로 하여금 갚게 하겠느냐.** 욥기 41:11. 욥기 35:7 참조. 바울은 로마서 11:35에서 이 구절을 인용한다.

4 **시편 16편이 노래하듯이.** 시편 16:2(오늘날 성경으로는 시편 17:2이다—옮긴이). 이 구절의 히브리어는 매우 어렵고 여러 방식으로 해석되어 왔다. 불가타역 성경: "나의 판단이 당신의 얼굴로부터 나오게 해 주십시오." Lefèvre d'Etales (*Quincuplex psalterium*,

1513)는 이 구절을 이렇게 의역한다. "당신의 평온한 표정에서 공정한 판결이 나오기를 바랍니다." 시편 16:2에 관한 주석에서 칼빈은 이 구절이 다음을 의미한다고 이해한다. "내가 행하는 선은 당신에게까지 미치지 않습니다"(*CO* 31.149).

5 **제가 오늘 아침에 말씀드렸던 것처럼**. 그러므로 이 설교는 오후 설교였다. 이날 아침 칼빈은 마태복음 8:14-18, 마가복음 1:29-39 그리고 누가복음 4:38-43에 기록된 치유 기적들에 관해 설교했다.

6 **더욱 적절한 때**. 칼빈의 설교가 1561년 초에 도달했을 마태복음 6:5-15과 그 병행구들에 대한 언급이다. 이 구절은 *Harm*. I, pp. 202-214에서 심도있게 다뤄진다.

7 **살리시다**. 요한복음 11:35.

8 **바울이 그분을 묘사할 때 쓰는 용어**. 빌립보서 2:7. 빌립보서 2:7에 관한 주석에서 칼빈은 "그분은 자기를 비우셨다"라는 구절을 설명한다(*CO* 52.26).

9 **하나님 앞에 무릎을 꿇다**. 칼빈은 다윗의 경우 시편 55:17 같은 구절을 염두에 두고 있다. 바울에 대한 언급은 더 분명하게 에베소서 3:14-15에 관한 것으로, 자유롭게 의역했다.

10 **그렇게 불렸을**. 아마도 본문상 불일치에 대한 비난에 맞서 성경을 옹호하기 위해 의도된 특별한 언어학적 설명일 것이다. "우레의 아들들"이라는 별명에 관해서도 같은 주장이 *Harm*. I, p. 167에 나타난다.

11 **온 세상이 떤다**. 학개 2:6-7. 이 구절에서 문제가 되는 점은 복

음이 아닌 성전의 회복이다.

12 **산들을 흔들리게.** 시편 29:3–9. 시편이 예배 과정에서 불렸음은 칼빈의 말을 통해 분명하게 드러난다. 1560년까지 제네바 교회들에서는 클레망 마로(Clément Marot)와 테오도르 드 베즈(Théodore de Bèze, Beza)에 의해 작곡된 본문과 함께 83개의 운율에 맞춘 시편이 사용되었다. 이 시편들은 28주를 주기로 정해진 순서에 따라 불리도록 되어 있었는데, 여섯 번째 주 두 번째 주일예배를 위해서는 시편 29편이 불렸다. Pierre Pidoux, *Le Psautier huguenot* (Basel: Baerenreiter, 1962) II, pp. 61–62를 보라.

13 **좋은 곡식과 가라지가 섞여 있는.** 마태복음 13:24–30(타작마당), 마태복음 13:47–48(그물). 문맥상 두 이미지는 모두 교회의 혼합적 본성이 아니라 '구별'과 '심판'이라는 종말론적 주제들을 예시한다. 참된 신자와 거짓 신자들의 혼합된 교제로서의 가시적 교회에 관해서는, *Inst* 4.1.13–16을 보라. 여기서 칼빈의 주장은 부분적으로는 엄격하게 훈련된 구별되고 거룩한 교회에 관한 아나뱁티스트의 주장에 맞서는 방향으로 이루어진다.

14 **분명하게 드러나다.** 고린도전서 11:19.

15 **극도로 해악을 끼치다.** 때로 칼빈은 주제 측면에서 상관이 있는 성경 본문들을 합친다. 여기서 사기꾼들을 언급하는 것은 마태복음 6:2, 5, 16에서 예수께서 위선자들을 엄격하게 대한 일을 상기시키는 것처럼 보인다. 다른 한편으로, 시련의 때에 실패하는 "믿음의 뿌리"는 씨 뿌리는 자의 비유를 떠올리게 한

다(마 13:21와 병행구들).

16 **그가 하나님의 성소에 앉을 것이다.** 데살로니가후서 2:4.

17 **그런 사람들이 일어날 줄을 내가 아노라.** 사도행전 20:29-30.

18 **디모데후서 2장에서 하는 말.** 디모데후서 2:19.

19 **마지막 날까지.** 요한복음 10:28, 아마도 요한복음 6:39을 상기하며 한 말이겠다.

20 **넘어지지 않도록 조심하라.** 고린도전서 10:12.

21 **그는 어떤 도움도 얻지 못한다.** 칼빈의 손에서 쓰이는 유명한 속담은 그의 스타일에 색깔을 부여하고 다양한 도덕적 딜레마를 간결하고 직접적인 방식으로 설명하는 역할을 한다. 그러나 모든 속담이 이처럼 설교자 칼빈에게 승인을 얻지는 못한다. 다른 것들은 그와 판이한 관점을 드러내며 오직 반박되기 위해서만 상기된다. 나의 논문 *"Comme on dit*: the Proverb in Calvin's Sermons*", Journal of the Australasian Universities Language and Literature Association*, 88 (1997), pp. 71-82 참조.

22 **그는 마귀라고 불렸다.** 요한복음 6:70.

23 **악으로 향하는 성향.** 종종 언급되듯, 칼빈은 말씀 사역과 성례에 대해 높게 평가한다. 그러나 사역자나 가르치는 장로의 직무에 따르는 위엄은 선포된 말씀이 하나님의 말씀이지 인간의 말이 아니라는 의미에서만 무조건적이다. 또한 그 말씀의 저자이신 하나님이 가장 불완전한 인간이라는 도구를 은혜의 사역이 주는 효과를 위해 사용하기로 하셨다는 의미에서만 무조건적이다. 칼빈이 하나님의 "천사" 혹은 "대변자"로서의 설

교자(신명기 1:22-28에 관한 설교; *CO* 25.667)와 "예수 그리스도
가 거주하시고 그분의 왕좌가 놓여 있는 곳"(고린도전서 11:4-
10에 관한 설교; *CO* 49.734-735)으로서의 설교에 관해 말할 때
의미하는 바가 바로 그렇다. 이는 칼빈이 인정하듯이 교리, 동
기, 혹은 삶의 방식 때문에 하나님의 양떼를 맡은 목사로서 자
격을 상실할 수도 있는 직분의 소유자들에게 내재된 위엄이 아
니다. 목회직의 중요성과 위엄에 관한 추가 논의를 위해서는,
Inst. 4.1.5-6; 4.3.1-3; 그리고 Alexandre Ganoczy, Calvin,
théologien de l'Eglise et du ministère (Paris: Ed. du Cerf, 1964), pp.
333-337; 344-353을 보라.

2
부서진 자들이 복을 얻음

예수께서 무리를 보시고 산에 올라가 앉으시니
제자들이 나아온지라 입을 열어 가르쳐 이르시되
심령이 가난한 자는 복이 있나니 천국이 그들의 것임이요
애통하는 자는 복이 있나니 그들이 위로를 받을 것임이요

(마 5:1-4)

예수께서 눈을 들어 제자들을 보시고 이르시되
너희 가난한 자는 복이 있나니 하나님의 나라가 너희 것임이요
지금 주린 자는 복이 있나니 너희가 배부름을 얻을 것임이요
지금 우는 자는 복이 있나니 너희가 웃을 것임이요

(눅 6:20-21)

인간의 참된 행복

의심할 바 없이, 복음서 기자들은 때때로 우리 주 예수 그리스도의 가르침에 대한 요약이라고 불릴 수 있는 것을 기록하려 했습니다. 그들은 주님이 하신 모든 말을 기록하는 데 관심이 없었고, 우리 주님께서 처음부터 그분의 작은 교회를 세우신 방식과 제자들에게 주신 가르침을 간략하게 밝히는 데서 만족했습니다.

이 구절에서 우리는 예수께서 산속으로 물러나 제자들을 둘러보시면서 그들에게 인간의 참된 행복이 어디서 발견될 수 있는지 가르치시는 모습을 볼 수 있습니다. **입을 열어 가르쳐 이르시되**라는 마태의 표현은, 말하자면 히브리식 표현 방식입니다. 우리가 쉽게 알 수 있듯이 복음서 기자들은 사실 히브리어로 글을 쓰지 않았습니다. 그들 모두는 그리스어(헬라어)로 썼습니다. 하지만 그들은 자기 모국어의 특성을 유지했습니다. 이는 모든 나라에서 발견되는 현상입니다. 어떤 프랑스인이나 독일인이 라틴어 기초교육을 철저하게 받지 않았다면, 그는 늘 어릴 때 배운 언어 특성을 보유할 것입니다. 이 점이 하나님이 여기서 의도하시는 바입니다. 그분은 우리에게 여기에 기록된 것이 외부자들이 아니라 그 나라 안에서 태어나 자란 이들의 작품임을 확인해 주고자 하셨습니다. 그들은 자신들의 언어와 어머니나 유모들이 가르쳐 준 것밖에 알지 못하는, 거칠고 교육받지 못한 이들이었습니다. 다시 말해, 우수한 학식을 얻기 위해 고등교육 기관에 다닌 적이 없는 이들이었습니다.[1]

그러므로 여기서 어떤 소개를 받는 셈인데, 예수께서 제자들을 향해 그들에게 가장 유용한 그리고 그들이 신중하게 기억하고 순종해야 할 문제들을 설명하기 시작하셨음을 의미합니다. 그분의 목표는 참된 마음의 평화가 어디에 있는지, 특별히 추구할 만한 가치가 있는 것들이 무엇인지를 보이시는 데 있습니다. 이것은 고대 이교도들이 계속해서 논쟁을 벌였던 주제입니다. 철학자들이 제기했던 주된 문제는 (그들이 사용했던 용어로 말하자면) 최고선(最高善, the sovereign good)의 본질과 목적이었습니다. 우리는 이것을 인간의 참된 행복(man's true blessedness)이라는 다른 이름으로 부를 수 있습니다. 물론 복 받기를 바라지 않는 사람은 없습니다. 실제로 말 못 하는 이들이 말할 수 있고 그런 행복을 누릴 수 있다면, 그들 역시 이렇게 말할 것입니다. "그래, 복을 받는 것은 무엇보다도 좋은 일이야." 그리고 그렇게 복 받는 일을 목표로 삼을 것입니다. 인간은 한편으로는 자신의 비참함을 느껴 그것 때문에 괴로워하고, 다른 한편으로는 참된 선이 어디 있는지 알고 분별할 수 있는 사람은 할 수 있는 한 복 받는 것을 목표로 삼습니다.

이교도 철학자들 중에서 더욱 세속적인 정신을 가진 이들은 고통으로부터 자유로울 때 행복하다고 주장했습니다. 다른 이들은 쾌락에 대한 갈망을 만족시킬 수 있을 때 행복하다고 주장했습니다. 또 다른 이들은 오직 덕 하나만을 행복의 원천으로 삼았습니다. 이 마지막 견해는 훨씬 더 복잡한 방식으로 표현되었습니다. "덕"이라는 단어는 언제나 존중받습니다. 사악한 사람들조차, 비록 그들에게 덕 자체가 부족할지라도, 자기들이 가장 존경할 만한 이 자질을 높이 평가하지 않았다고 생각하면 얼굴이 붉어집니다. 어떤 철학자들은 좀 더 미묘한 논쟁을 벌이면서 덕 자체는 우리를 행복하게 만들 수 없으며, 행복한 사람은 언제나 적절하게 행동하는 사람이라고 주장합니다. 그들은 우리가 최고 행복을 얻는 것은 오직 덕이 만족에 의해 길러질 때뿐이라고 주장합니다.[2] 그렇게 모든 이들이 자기 주장을 펴며 논쟁을 벌인 후에야 절대적으로 분명해지는 점이 하나 있습니다. 그것은 바로 우리 모두 "내면의 평화"를 바라고 있다는 점입니다. 우리는 그런 개념에 너무 많이 사로잡혀 있습니다. 그래서 아주 자연스럽게 빈곤이나 결핍이나 질병으로 고통당하고, 불운하게도 일생을 절뚝거리며 살고, 건강한 삶을 누려 본 적 없고, 중상이나 치욕을 견뎌야 하는 이들은 누구나 불행하다고 여깁니다. 우리는 그런 일이 우리 본성과 아주 반대된다고 느낍니다. 우리에게 이성과 상식이 있는 한, 매를 맞고, 육체적으로 학대와 조롱을 당하고, 자기 것을 빼앗기고, 깨어 있는 모든 시간을 한숨과 신음 속에서 보내는 사람이 행복할 수 있다는 데 절대 동의하지 않을 것입니다. 요약하자면, 우리는 우리가 추구하는 행복을 치욕, 빈곤, 굶주림, 갈증, 그리고 그러한 다른 고통이라는 개념과 결코 화해시키지 못합니다.

자기 십자가

이제 여기서 우리 주 예수 그리스도께서 그분의 학교에 들어가는 우리에게 상기하시는 삶의 방식을 살펴볼 필요가 있습니다. 그분은 우리 모두에게 자신을 포기하고 자기 십자가를 지라고 명하십니다. "십자가"라는 말은 우리가 모두 자신의 교수대를 지니고 다녀야 한다는 것, 자기 목에 칼을 겨누는 불쌍하고 가련한 사람들처럼 되어야 한다는 것, 고통당하고 조롱당해야 한다는 것, 죽음을 동반자로 삼을 뿐 아니라 모욕과 침 뱉음과 비난과 중상을 받아야 한다는 것을 의미합니다. 우리는 그 모든 것을 견디면서 그것을 우리 어깨 위에 놓인 짐처럼 용감하게 감당해야 합니다. 마치 어떤 여행자가 등에 자기 짐을 지고 가듯 말입니다. 그리고 우리 주님은 우리가 자기 짐을 지지 않는다면, 그분을 따르거나 그분의 추종자들 중 하나로 간주될 수 없다고 선언하십니다. 자기 짐을 지기 위해 우리는 안락함을 포기해야 합니다! 우리는 비난을 겪고, 죽음의 위협을 당하고, 사방으로 포위되고, 계속되는 연약함 속에서 살아가는 사람들이 되어야 합니다.

한마디로, 자기 짐을 진다는 말은 이 세상에서 살아가는 동안 완벽히 비참한 사람으로 간주되는 것을 의미합니다. 이 것은 우리 주 예수 그리스도의 학교에서 배우는 평범한 기본기입니다.[3]

만약 우리가 머리에 확고하게 심겨 있어서 마치 그것과 함께 태어난 것처럼 여기는 생각, 즉 이 세상에서 고통을 당하는 이는 참으로 복을 얻을 수 없다는 생각에 집착한다면 어찌 되겠습니까? 실제 사정이 그러하다면, 설령 우리가 그분의 가르침을 받아들이고 그분을 하나님의 아드님으로 여기며 환호할지라도, 도대체 우리 중 누가 그분으로부터 멀리 달아나지 않겠으며, 누가 기꺼이 그분의 제자가 되기로 동의하겠습니까? 그럴 경우 우리는 당연히 이렇게 말할 것입니다. "좋다. 하지만 분명히 그분은 우리의 약함과 덧없음을 아신다. 그러니 어째서 그분이 우리를 있는 모습 그대로 참아 주시면 안 되는가?" 우리가 참으로 그런 생각, 즉 행복은 오직 안락하고 여유 있는 이들만을 위한 것이라는 생각을 고집한다면 ― 제가 말씀드렸듯이 이 생각은 우리 안에 아주 깊이 뿌리를 내리고 있습니다 ― 우리는 모두 그 문제에서 손을 떼려 할 것입니다.

그것이 여기서 우리 주님이 마치 제자들에게 하시듯 우리에게 가르치시는 이유입니다. 그분은 우리의 행복과 축복은 세상에서 오는 박수갈채나, 부요, 명예, 만족, 그리고 쾌락을 즐기는 데서부터 오지 않는다는 점을 알려 주십니다. 반대로 우리는 완전히 억압받고, 눈물과 울음에 잠기고, 박해당하고, 철저하게 파멸할 수 있습니다. 하지만 그런 것들 중 무엇도 우리 지위에 영향을 주거나 우리의 행복을 감소시키지 않습니다. 어째서 그렇습니까? 우리는 궁극적 결과를 내다보고 있기 때문입니다. 바로 이 점이 그리스도께서 우리가 의지하는, 그리고 우리의 생각을 너무 많이 헝클어뜨려서 주님의 멍에를 메지 못하게 하는 잘못된 개념들을 고치기 위해 우리에게 상기시키시는 것입니다. 그분은 우리가 더 먼 곳을 바라보면서 우리의 고통과 눈물, 우리가 당하는 박해와 모욕의 결과에 대해 생각해야 한다고 알려 주십니다. 일단 하나님이 그 모든 것을 어떻게 선한 것으로, 어떻게 우리의 구원을 위한 것으로 바꾸시는지 알게 되면, 우리는 축복이 우리 본성과 얼마나 상반되든 간에 분명히 우리 것이 되리라고 결론지을 수 있습니다.

심령이 가난하다는 의미

우리 주님께서는 **심령이 가난한 자**로부터 시작하십니다. 어떤 주석가들은 이 구절을 너무 빈틈없이 설명하려 했습니다. 그들은 영적으로 가난한 자는 자신들에 대해 아무런 확신도 갖고 있지 않은, 그리고 자신들에게는 아무런 위엄이나 지혜나 의로움도 없음을 인식하는 자들이라고 억측했습니다. 물론 그런 해석은 나름 훌륭하고 유익합니다. 하지만 이것은 본문의 문맥에 적합하지 않습니다.[4] 누가는 "심령"에 대해 언급하지 않습니다. 그는 단지 "가난한 자"에 대해서만 언급합니다. 사실 히브리어는 낮은 계급의 사람과 굴욕과 상실을 겪은 사람 모두를 묘사하는 데 같은 단어를 사용합니다. 이는 번영이 우리를 교만과 야심으로 부풀어 오르게 하기 때문입니다. 그 결과 우리는 세상의 이목을 끄는 일을 갈망하고 자기 이웃을 능가하려고 혈안이 됩니다. 다른 한편으로, 일단 하나님이 우리에게 몽둥이를 들고 우리를 길들이시면, 우리의 오만한 방식은 사라집니다.

고난은 우리를 훈련하기에, 여기서 예수님이 사용하신 표현은 가난한 자와 비천한 자 모두를 가리킵니다. 이는 몸에도 똑같이 해당됩니다. 만약 어떤 남자가 육체적으로 강건하고 삶의 절정기에 있으며 질병에서 벗어난다면, 그는 의기양양해져서 자기가 원하는 대로 자유롭게 도약합니다. 그를 붙잡는 것은 아무것도 없습니다. 그러나 두 달이나 석 달 정도 병치레를 하고 나면 그는 아주 다른 사람이 되어 자기 다리를 끌고 다닙니다. 전에 그는 아주 무모하고 온갖 종류의 과잉에 빠지고 어떤 일이라도 해결할 수 있었던 반면, 이제는 겨우 소량의 음식을 씹어서 넘길 수 있을 뿐입니다. 전에는 이곳저곳으로 내달렸으나, 이제는 자기 침상에서 일어나지도 못합니다.

몸에 해당하는 일은 또한 영혼에도 해당합니다. 자신이 원하는 모든 것을 얻을 때, 불가피하게 우리 욕구는 끝을 알지 못합니다. 그런 욕구는 바다 위에서 거품을 일으키는 파도와 같습니다. 무엇으로도 그것을 붙잡아 둘 수 없습니다. 그러므로 교만으로 부풀어 오를 때 우리는 절제가 무엇인지 잊은 술 주정뱅이와 같습니다. 다른 한편으로, 하나님이 우리를 사람들이 보기에 경멸할 만한 상태로 이끌어 가실 때, 모든 이가 우리를 보고 비웃을 때, 우리의 좋은 이름이 헐뜯기고 우리가 증오와 질시와 앙심의 대상이 될 때, 우리를 향해 잘못된 비난과 중상이 쏟아질 때, 우리가 가난해지고 아무런 위안이나 도움을 얻지 못한 채 표류할 때, 요약하자면 우리가 "역경"이라고 부르는 모든 상황을 경험할 때, 비로소 우리는 절제의 의미를 배우고 한때 지나치게 높이 쳐들었던 머리를 숙입니다. 그러나 많은 이들이 하나님이 그들을 아무리 많이 뒤흔드시고 겸손해지도록 권하셔도 오만함을 포기하지 않기에, 즉 많은 이들이 거의 아무런 가르침을 받지 않기에, 우리 주님께서는 여기에 "심령이"라는 표현을 덧붙일 필요가 있다고 느끼셨던 것입니다. 그분이 하신 말씀의 의미는, 가난한 자들이 복 받는 것은 빈곤이 그들을 훈련하면서 그들 안에 심령의 가난함을 낳기 때문이라는 것입니다. 즉 그들의 마음은 많은 이들의 경우처럼 더 이상 교만하거나 악에 치우치지 않습니다.

사실 많은 이들이 조바심을 내며 살아갑니다. 사슬에 묶여 있거나 철창에 갇혀 있으면서도 예전처럼 공격적인 성향을 드러내는 야생동물을 떠올려 보십시오. 우리는 곰, 늑대, 사자를 포획합니다. 하지만 그런 짐승들은 예전 상태 그대로 남아 있습니다. 사람도 마찬가지입니다. 주 예수 그리스도께서 강하게 붙잡고 계실지라도, 그들은 여전히 씩씩거리며 이를 갑니다. 교만함은 전보다 훨씬 더 강하게 폭발합니다. 그래서 하나님은 그들을 죽일 수도 있는 독을 빼내기 위해 강하게 압박하실 수밖에 없습니다. 물론 그렇게 한다고 그들이 개선되지는 않습니다. 그들은 점점 더 나빠지고, 고함을 치고, 날뛰고, 하나님 앞에서 자신들의 사악한 격정을 과시합니다. 반복해서 말씀드립니다만, 바로 이것이 많은 사람들이 처한 상황입니다.

그렇다면 이것은 그들이 가난과 역경을 겪는 일이 아무런 효용도 없다는 뜻입니까? 결코 아닙니다! 이것은 그들이 하나님의 심판대 앞에 설 때 죄책을 더욱 무겁게 만듭니다. 그들은 우리 모두를 위한 본보기입니다. 이 세상의 위대한 자들은 높이 존경받습니다. 그들은 사람들의 칭송을 즐깁니다. 그들은 마음으로 원하는 모든 것을 갖고 있습니다. 부요함, 잘 차려진 식탁, 모든 좋은 것들을 말입니다. 그러므로 그런 이들이 자신을 잊고 공허한 교만함 속에서 피조물이 제공하는 위안과 영광에 취하는 것은 놀랄 일이 아닙니다. 그러나 어떤 이가 역경에 처해 있다고 가정해 봅시다. 모두가 그를 향해 분개하고 그를 중상합니다. 그는 거의 죽은 사람처럼 이 세상에서 시들어 갑니다. 이 모든 상황에도 불구하고 여전히 스스로 쾌락과 긍지를 느끼고 목이 뻣뻣해서 아무에게도 굽히지 않는다면, 그때 그는 자연을 거스르는 것 아니겠습니까?

사실 이는 단순히 가난해지거나 비참해지는 것만의 문제가 아닙니다. 많은 이들이 가난을 겪으면서도 겸손해지지 않습니다. 오히려 자기들이 할 수 있는 한 하나님께 맞섭니다. 우리 주님께서 그 용어를 이해하시는 것처럼, 가난이 우리 안으로 들어와 우리를 모든 교만과 젠체함으로부터 정화해야 한다는 점을 배워야 합니다. 우리는 우리 자신이 아무것도 아니라는 사실을 인식해야 합니다. 그러므로 스스로 평가할 때 가난한, 기꺼이 자신을 낮추는, 자기 안에서 선한 것을 아무것도 발견하지 못하는, 그러면서 자신에 대한 세상의 거부를 받아들이는 사람은 참으로 복됩니다. 여기서 우리는 예수님이 하신 말씀의 참된 의미와 그 말씀으로부터 얻을 수 있는 유익을 발견합니다.

마리아의 노래

어떤 이들은 그 반대도 참일 수 있는지 묻습니다. 즉 "심령이 부유한 자는 하나님의 저주 아래 있는가"라는 질문 말입니다. 확신하건대, 바로 그것이 우리 주님께서 전하고자 하시는 바입니다. 사실 그분은 박해를 당하는 이들에게 축복을 선언하십니다. 그렇다고 하여 모든 사람이 박해를 당해야 한다는 말이 아닙니다. 그게 아니라면 우리는 그런 일을 즐기는 위선자가 될 것입니다. 아닙니다, 그분이 **박해를 당하는 자가 복이 있다**고 말씀하실 때 의미하는 것은, 하나님이 우리와 싸우고자 하시거나 우리가 부당하게 고통을 당할 때 그런 핍박을 피하지 말아야 한다는 점입니다. 오히려 그 모든 것을 인내하며 견뎌야 한다는 것입니다.

여기서 본문이 전하는 바에 따르면, 예수 그리스도께서는 심령이 부유한 자(어리석게도 자신들의 번영 때문에 교만해진 사람들)를 심령이 가난한 자(고통의 경험으로 인해 적절하게 낮아져서 교만함을 밀쳐 내고 도움을 얻고자 오직 하나님만 바라보는 사람들)와 대조하려는 의도를 갖고 계십니다. 그러므로 우리가 이 구절로부터 얻을 수 있는 교훈은 이렇습니다. 심령이 부유하여 자긍심에 휩싸여 있으며 세속적 쾌락과 사회적 승인을 사랑하고 출생이나 재산 혹은 권위나 명성에 기초해 자신의 장점을 주장하는 모든 사람은, 우리가 나중에 살필 구절에서 확언하듯이[5] 그리스도에 의해 저주받고 거부되리라는 것입니다. 바로 이것이 여기서 주목해야 할 교훈입니다.

우리는 이미 동정녀 마리아의 노래에서 사정이 그렇게 되는 이유를 살펴보았습니다. 그때 마리아는 **하나님이 권세 있는 자들과 왕들을 그들의 자리에서 내치시고, 낮고 전에 경멸당하던 이들을 높이신다**고 말했습니다.[6] 만약 이것이 그녀가 말한 모든 것이었다면, 우리는 다음과 같이 반대할 수도 있을 것입니다. "뭐라고? 그렇다면 하나님이 사람들과 더불어 고양이와 쥐 게임을 하시면서, 그들을 공처럼 이리저리 내던지시면서, 혹은 그들을 당신이 원하는 만큼 가치 ─ 이때는 20실링, 저때는 100실링, 그 후에는 1,000실링, 그리고 마지막에는 고작 1페니 정도의 가치 ─ 가 있는 패(牌)처럼 취급하시면서 상황을 바꾸기를 즐기신다는 말인가?"[7] 만약 하나님이 우리를 그런 식으로 조롱하신다면, 우리는 실제로 그것이 불합리하다고 생각할 것입니다. 그런 이유로 동정녀 마리아는 이렇게 덧붙여 말합니다. **하나님이 주린 자를 만족시키시고, 부자는 빈손으로 돌려보내셨도다.** 여기서 그녀는 하나님이 어째서 세상에서 그런 변화를 일으키시는지를 알려줍니다.

먹고살기에 충분할 만큼 많이 가졌을 뿐 아니라 마음껏 즐기고 호사스러운 방식으로 살면서 모든 사람에게 존경과 환영을 받는 한 사람을 상상해 보십시오. 야망에 사로잡힌 모든 잘난 이들이 그렇듯, 그가 기뻐하지 않기란 얼마나 어려운 일이겠습니까? 그의 교만은 술주정뱅이나 터질 정도로 먹어대는 폭식가와 같을 것입니다. 그들은 빵과 포도주와 다른 온갖 음식들로 배가 가득 찰 때, 너무나 부풀어 올라서 저 혼자 돌아서기도 어려울 정도가 됩니다. 그래서 동정녀 마리아는 하나님의 관대한 은사를 그런 식으로 오용하는 자들은 실제로 배가 부를 테지만 결국 빈손으로 돌아가게 될 것이고 바람으로 배를 채우는 일이 무엇인지 배우게 되리라고 선언합니다. 반면에, 주린 자들은 하나님께서 충분하게 만족시켜 주실 것입니다.

"주리다"라는 표현은 "심령이 가난한"이라는 표현과 의미가 같습니다. 물론 주리면서도 음식에 대한 욕구가 없는 사람들이 있습니다. 그러나 어떤 가난한 사람이 자기에게 부족한 것이 무엇인지 알고 그 필요를 채워 줄 수 있는 이를 향해 돌아서서 모든 겸손함으로 도움을 요청할 때, 그 사람은 참으로 "심령이 가난한" 것입니다. 그러므로 고통이 우리를 심령이 가난한 사람으로 만들 때, 즉 우리의 필요가 도움을 얻기 위해 하나님을 바라보도록 우리를 강요할 때, 그때가 참된 행복을 발견할 때입니다.

소망

천국이 심령이 가난한 자의 것이라는 우리 주님의 다음 말씀에도 유사한 의미가 있습니다. 이 말씀으로 우리가 이해해야 하는 바는, 눈이 보는 것에 만족하지 말아야 하며 늘 마지막 목표에 유념해야 한다는 점입니다. 다른 무엇보다도 덕을 높이 평가했던 철학자들이 고통은 사람을 불행하게 만들지 않는다는 점을 입증하고자 했을 때, 그들은 강철 같은 사람, 이를테면 망치로 내리쳐도 해를 입지 않는 모루 같은 사람을 고안해 내야 했습니다. 물론 궁극적으로 그것은 그저 환상, 즉 그들 편에서 본 철저한 어리석음에 불과했습니다. 사람들 앞에서 용감한 척하고 씩씩하고 견고한 사람으로 통할 수 있는 사람들이 발견되었다고 할지라도, 사실 _그들은_ 하나님께 맞서는 반역자들이었기에 내적으로는 부글거리고 있었습니다.

그들은 첫 번째 원리로부터 이렇게 추론했습니다. "나는 정말로 죽을 수밖에 없는 인간이다. 모든 것을 인내하며 견뎌야 한다. 나에게는 선택의 여지가 없다. 나는 응해야 한다."(여러분도 아시다시피, 그들은 필요를 그들의 지도 원리로 삼습니다) "저항하는 것이 무슨 소용이 있는가? 피할 수 없으면 받아들여야 한다." 바로 이것이 그들이 인내라고 부르는 것입니다. 하지만 그것은 분노의 한 형태에 불과합니다. 그들은 하나님께 맞서고 있기 때문입니다. 그들의 강고함은 사실상 고의적인 거부 행위입니다. 만약 그렇게 할 수 있었다면 그들은 뒤로 물러서기를 기뻐했을 것입니다. 그러나 그들은 유약하게 굴복하는 일 외에는 다른 선택을 할 수 없었습니다. 결국 모든 것을 지배하는 것은 맹목적인 운명이라고 믿었기 때문입니다. 그들의 철학이 가르쳤던 바는 너무나 말도 안 되는 소리였습니다.

대조적으로 우리 주 예수 그리스도께서는 우리를 아무런 실제적 결과도 없는 사변이라는 샛길로 이끌어 가시지 않습니다. 그분은 우리를 확고한 토대 위에 올려놓으십니다. 그것을 의지하는 한 우리는 요동하지 않을 것입니다. 그리고 아무리 많은 폭풍과 바람이 일어나더라도, 하늘과 땅이 아무리 많이 서로 섞여 뒤죽박죽되더라도, 하늘나라를 바라보는 한 우리는 언제나 안전합니다.

그러므로 이 구절이 가르치는 바는, 하나님의 아들이 말씀하시는 행복을 맛보기 위해 우리는 먼저 이 세상이 다른 무언가에 이르는 오솔길이라는 사실을 배워야 한다는 점입니다. 이 세상은 우리가 쉼을 얻거나 진정한 삶을 찾을 수 있는 곳이 아닙니다. 우리는 더 나아가야 하고 눈을 들어 하늘의 유업을 바라보아야 합니다. 그러므로 이 세상에 묶여 있고, 사람들에게 인정되는 지혜에 의존하는, 그리고 오직 세속적인 쾌락 속에서만 행복을 찾는 이들은 이 가르침의 중요성을 이해하지 못합니다. 오히려 이 가르침은 그들에게 계속해서 골

칫거리가 될 것입니다.

신자들의 경우는 어떻습니까? 분명 그들은 내적으로 고통스러운 싸움을 경험할 것이고, 그럴 때마다 이렇게 물을 것입니다. "어떻게 내가 복을 받고서도 이처럼 많은 불행을 겪을 수 있는 것인가?" 바로 이것이 심령이 가난한 상태입니다. 그것은 어떤 이가 절망 가까이에 있다는 것, 하나님이 그를 구원하실 때까지 파멸 가까이에 있다는 것을 의미합니다. 물론 이것은 많은 논쟁이 있을 수 있는 문제입니다. 우리가 복을 받고서도 동시에 고통을 겪는 것, 즉 어디로 돌아서야 할지 몰라 마침내 "아아! 하나님이 우리를 불쌍히 여기시지 않는다면, 우리는 끝났구나!"라고 고백할 정도까지 내적으로 비통해하고 신음하는 것은 잘못된 일처럼 보이기 때문입니다. 그러므로 세속적인 지혜를 사용해 이리저리 살펴본 후에, 우리는 이런 결론에 도달할 수밖에 없습니다. "가난하고, 굶주리고, 핍박받는다면, 우리는 불행한 것이다!"

그러나 하나님이 우리의 순종을 시험하기 위해 우리를 이 세상에 두셨다는 것, 우리가 단지 이 세상을 통과하고 있을 뿐이라는 것, 이곳에는 우리가 머물거나 쉴 곳이 없다는 것, 그러나 하늘에 우리를 위해 예비한 유업이 있다는 점을 기억한다면, 일단 그런 생각에 사로잡히기만 한다면, 우리에게 행복은 더는 숨겨진 비밀이 아닙니다. 바로 이것이 바울이 신자들은 고난 속에서 기뻐해야 한다고 확언하면서 가르치는 내용입니다. (그가 말하듯이) 고난은 소망을 낳고, 자기 백성을 향한 하나님의 긍휼하심에 대한 경험은 우리의 소망을 견고하게 하여 우리가 결코 수치를 당하지 않게 하기 때문입니다. 바울이 말하고자 하는 요점은 정확히 지금까지 제가 말해온 것으로, 즉 우리에게 약속이 주어졌으며 우리의 구원이 소망 안에 있다면 지금은 숨겨진 상태로 있어야 한다는 점입니다. 우리는 볼 수 있는 무언가를 소망하지는 않습니다.[8] 실제로 식탁이 놓이고 그 위에 음식이 차려졌을 때 "나는 저녁 식사가 곧 준비되기를 소망한다"라고 아무도 말하지 않습니다. 우리는 아직 확신하지 못하는 무언가를 소망합니다.

　우리의 구원도 마찬가지입니다. 하나님의 진리에 관해 우리는 흔들림 없는 확신을 가질 수 있습니다. 그러나 여기서 문제는 우리가 상황을 인식하고 이해하는 방식입니다. 우리에게 그 목표는 필연적으로 불확실합니다. 우리는 구원에서 멀리 떨어져 있으며, 그 구원을 이해할 수 없다는 점을 인정해야 합니다. 그러므로 우리의 구원이 소망 안에 있다면, 그것은 숨겨져 있습니다. 만약 숨겨져 있다면, 우리가 복 받은 것은 지금 보거나 소유하고 있는 것에서 말미암지 않았다고 여겨야 합니다. 우리 자신이 복 받은 것은 우리가 이 세상에서 신음하면서 하나님이 우리를 당신께로 부르시기를 기다리기 때문이라고, 우리의 생명이시고 모든 좋은 것의 근원이신 예수 그리스도께서 우리를 환영해 주시기를 기다리기 때문이라고 여겨야 합니다.

소망의 근거, 하나님의 약속

그렇다면 이 모든 것을 어떻게 우리 자신에게 적용할 수 있을까요? 하나님의 말씀 안에 있는 영원한 구원에 관한 약속을 묵상하는 법을 배움으로써 할 수 있습니다. 그런 약속들은 우리를 세상으로부터 분리합니다. 마치 하나님이 우리에게 당신의 손을 펼치시며 이렇게 말씀하시는 것과 같습니다. "가련한 피조물이여, 너희는 깊은 수렁에 빠져 있다. 너희가 너희 자신의 욕망을 따를 때, 여흥이 너희가 생각할 수 있는 전부일 때, 너희는 너희 행복이 완전하다고 상상한다. 그러나 그 모든 것은 헛된 그림자에 불과하다. 속지 말아라. 너희의 참된 행복이 어디에 있는지 깨닫고, 너희의 시선을 나에게 맞추어라."

그러므로 우리를 세상으로부터 떼어 내는 일에서 가장 유용한 것은 하나님의 약속입니다. 우리가 마침내 현재의 것들을 남기고 떠날 때, 우리는 빈곤, 고통, 괴로움, 문제, 그리고 우리를 말살하는 다른 모든 것이 우리에게 영향을 줄 수 없다는 점을 알게 될 것입니다. 하나님이 우리를 사랑하시며, 그 사랑이 우리에게 알려졌고, 우리가 이 세상을 떠날 때 믿음으로 그 사랑을 붙잡을 수 있다는 점을 아는 것으로 충분합니다. 하나님이 적절한 시점에 우리에게 그분의 약속을 확인해 주실 때까지 믿음의 길을 계속해서 지켜 나갑시다.

　우리가 하나님의 선하심 중 일부를 맛보고 기뻐하도록 그분이 이 세상에서 우리를 아끼시는 것은 분명한 사실입니다. 그러나 기쁨은 계속되지 않습니다. 그것으로부터 참된 만족을 기대해서는 안 됩니다. 하나님이 우리의 연약함을 가엾게 여기셔서 그분이 마땅히 하셔야 하는 것보다 우리를 덜 심하게 다루시면서 자연이 요구하는 것보다 훨씬 더 많은 자양분을 우리에게 주실지라도, 거기에는 너무 많은 고통과 괴로움이 섞여 있습니다. 그렇기에 우리는 하나님께 직접 나아가는 법을 배울 때까지 늘 자기 운명을 탄식하면서 이렇게 말할 것입니다. "나는 얼마나 가련하고 비참한가!"

　나아가, 다음 구절에서도 거의 같은 내용이 언급됩니다. 이 내용은 서로 다른 주제가 아닙니다. 이 내용이 반복되는 것은 우리에게 좋은 일입니다. 마치 우리가 더 쉽게 삼킬 수 있게 하려고 어떤 개념을 자꾸 되풀이해서 언급하는 것과 같습니다. 우리의 경험이 알려 주듯이, 이런 종류의 가르침은 소화해 내기 어렵습니다.[9] 바로 그것이 예수께서 **애통하는 자는 복이 있나니 저희가 결국에는 기뻐하고 위로를 받을 것이다**라고 말씀하시는 이유입니다. 여기서 그분은 우리가 이미 배운 것을 어느 정도 확인해 주십니다. 우리 심령이 가난하다면, 애통하는 일을 피할 수 없습니다. 괴로움을 당하지 않을 수 없습니다. 이는 우리가 제가 앞서 말씀드렸던 미친 사람들, 즉 모루나 바위처럼 동요하지 않고 남아 있기를 기대하는 사람들처럼 감정이 없지 않기 때문입니다! 그런 일은 우리 본성에 어긋납니다. 오히려 우리는 불행을 느껴야 하는데, 그 불행은 우리가 구부러지고 깨어지는 지점까지 우리를 압박할 것입니다. 그럴 때 우리는 더는 머리를 들지 못하고, 숨결은 빼앗겨, 결국 우리는 이를테면 죽은 사람처럼 될 것입니다.[10]

바로 이것이 우리 주님께서 이 구절에서 애통하는 것과 심령이 가난한 것을 서로 연관시키시는 이유입니다. 마치 그분께서 이렇게 말씀하시는 것과 같습니다. "내가 너희에게 너희가 아무리 핍박과 고통을 받을지라도 그 무엇도 너희에게서 행복을 빼앗아 가지 못하리라고 말할 때, 내가 의미하는 바는 너희가 감정 상태와 상관없이 묵묵히 견뎌야 한다거나 무감각한 나무토막처럼 되어야 한다는 것이 아니다. 결코 아니다! 너희는 애통할 것이고, 결핍과 불명예와 질병 그리고 이 세상의 온갖 다른 종류의 고통을 경험할 것이다. 너희는 이런 것들을 겪게 될 것이다. 그것들은 너희에게 깊은 상처를 줄 것이고 너희를 애통하게 할 것이다. 그러나 그중 아무것도 너희에게서 행복을 빼앗아 가지 못할 것이다. 어째서인가? '높은 곳으로부터 오는 위로를 기다리라'는 너희를 향한 나의 마지막 말 때문이다."

우리가 애통할 때 자기 덕 때문에 복을 얻을 것이라거나,

폭군과 악을 행하는 자들이 억압하기에 우리가 눈물을 흘릴
것이라는 말은 어디에도 없습니다.[11] 또한 우리가 완전히 자
기 자신에게만 몰두해서도 안 됩니다. 우리 안에 값진 행복은
없습니다. 우리 안에 있는 모든 것을 고려해 보면, 우리는 늘
불행할 수밖에 없기 때문입니다. 그러나 하나님이 우리를 위
로하겠다고 약속하셨음을 기억할 때, 우리가 눈물로 그리고
겸손하게 그분을 찾고 인내하면서 그분 뜻에 순종할 때, 우리
는 우리의 고통이 하나의 유익한 시험으로 보이리라는 점을
의심할 필요가 없습니다. 이를테면 계속해서 의무를 이행하
도록 우리를 촉구하는 자극 말이지요. 이 사실을 배울 때, 우
리의 행복은 확보될 것입니다. 어째서 그렇습니까? 우리가
행복을 우리 자신 안에서가 아니라 하나님 안에서 찾기 때문
입니다.

참된 애통

여기서 우리 주님의 가르침이 우리가 이교도들의 책과 저
작들에서 읽은 것 ─ 그들이 자기들의 시대에 어떤 지혜를 가졌든 간
에 ─ 과 얼마나 다른지 알 수 있습니다. 그들의 생각은, 얼마
나 깊고 설득력이 있든 간에 결국 연기와 기만에 불과합니
다. 이와 대조적으로, 예수 그리스도께서 가르치시는 바는
견고하게 서 있고 절대 사라지지 않습니다. 그러므로 우리는

우리 자신과 세상 모두에서 등을 돌리고 하나님께로부터 우리가 세상에서 발견할 수 없는 것을 구해야 합니다. 바로 이것이 여기서 이해해야 할 요점입니다. 참으로 우리 중에는 눈물을 흘리기는 하나 그 눈물이 마치 도살당하는 황소나 암소가 울부짖을 때처럼 야만스러운 짐승의 부르짖음과 같은 이들이 아주 많습니다. 실제로 우리 중 많은 이들이 처한 상황입니다.

제가 말씀드리고자 하는 것은, 불신자들이 애통하며 흘리는 눈물은 참되지 않다는 점입니다. 그들은 아주 분명히 슬퍼하고 거듭해서 "아아! 아아!" 하고 부르짖습니다. 그러나 제가 말씀드렸던 것처럼, 그들은 단지 울부짖을 뿐입니다. 우리가 배워야 할 점은 우리 하나님 앞에서 애통하는 것입니다. 우리의 눈물은 우리를 그분에게로 돌려보내야 합니다. 그렇게 할 때 우리는 다윗의 말이 옳았음을 깨달을 것입니다. "여호와여, 주께서 나의 눈물을 주의 병에 담으셨습니다."[12] 다윗은 하나님께서 마치 어떤 이가 귀한 향수나 값진 향유를 찾는 것처럼 우리의 눈물을 담아 두신다고 말합니다. 물론 눈물은 땅에 떨어지거나 그렇지 않으면 우리가 손으로 닦아 없앱니다. 그럼에도 우리가 하나님 앞에서 울 때, 우리가 흘린 눈물은 한 방울도 사라지지 않을 것입니다. 하나님이 그 모든 눈물을 세심하게 보존하실 것이기 때문입니다.

이렇게 해서 우리는 오늘 성경 본문이 말하는 위안이라는 주제로 돌아갑니다. 그리고 이 두 본문 모두 같은 메시지를 전하고 있음을 봅니다. 예수 그리스도의 제자들로서 우리가 마치 사형선고를 받고, 조롱당하고, 모욕당하고, 중상을 당하는 사람들처럼 우리 자신의 십자가를 지고 교수대를 나르고 있다는 것입니다. 그럼에도 그 무엇도 우리에게서 행복을 빼앗거나 기뻐할 이유를 없애지 못한다는 점입니다.

누가의 구절을 간단하게 살펴봅시다. 우리는 마태가 **심령이 가난한 자들과 애통하는 자들이 복이 있다**고 말하는 반면, 누가는 **애통하는 네가 복이 있다, 가난한 네가 복이 있다**고 말하는 것을 보게 됩니다. 우리 주님은 우리가 단지 그분의 가르침을 집단적 의미에서만 이해하지 않고, 우리들 각자에게 선언된 말씀으로 받아들이고 개인적으로 적용하기를 바라십니다.

우리 마음을 측정하신 그분은 우리에게 어째서 그런 식으로 우리를 준비시키기로 하셨는지를 정확하게 알려 주고자 하십니다. 이는 우리 모두가 주님의 가르침을 적용하게 하시기 위함입니다. 주님은 당신이 말씀하실 때 우리 각자에게 친밀하게 말씀하고 계시다는 점을 우리가 알기를 바라십니다.

이것이 그분이 말씀하시는 것입니다.

"가난해지기 위해, 너희는 심령이 가난해지고, 참으로 낮아져야 한다. 너희는 너희의 가장 깊은 자아라는 측면에서 아무것도 아닌 존재가 되어야 한다. 그런 일이 이루어질 때, 세상은 너희를 비천한 자로 여길 것이고, 너희는 너희 자신을 같은 방식으로 여길 것이다. 그러나 내가 너희에게 행복을 제공할 때, 너희는 담대한 '아멘'으로 응답할 수 있을 것이다. 그리고 그 복을 얻게 될 것이다. 결국 너희는 너희가 속지 않았음을, 오히려 너희가 너희의 유업을 얻었음을 알게 될 것이다. 그때 너희는 당신의 자녀들이 세상에 있는 동안 슬픔을 안겨 주시는 하나님이 어떻게 다음에 그들에게 기쁨을 주시는지 이해하게 될 것이다. 그분은 한때 굶주리게 하셨던 이들을 풍족하게 먹이실 것이다."

이제 우리의 선하신 하나님 앞에 부복하고 우리의 죄를 시인합시다. 그리하여 그분께서 우리의 모든 세속적인 갈망을 제거해 주시고 우리가 이 세상의 부패한 것들을 바라지 않고 그것들 안에서 행복을 찾지 않는 법을 배울 수 있게 해 주시기를 기도합시다. 또한 사탄의 쾌락과 유혹에 취해서 하나님이 우리를 부르시고 초대하시는 참되고 영원한 행복의 길에서 떠나지 맙시다. 오히려 우리가 문제와 괴로움에 압도될 때 우리 상황이 어떠하든 그분을 바라보고 그분 안에서 우리의 모든 기쁨과 영광을 찾읍시다. 그러므로 우리 함께 이렇게 기도합시다.
전능하신 하나님, 우리의 하늘 아버지시여….

해설

| 두 번째 설교: 부서진 자들이 복을 얻음 |

복음서들의 조화에 관한 62번째 설교

Badius, pp. 1113-1129; *CO* 46,771-784.

처음 두 가지 지복은 마태복음 16:24과 병행구들에 나오는 제자도의 대가에 관한 예수의 가르침을 예견한다. 칼빈이 보기에 여기서 사용된 이미지는 희생과 고통에 관한 어떤 담화가 할 수 있는 것 이상으로 명확하며 모호하지 않다.

칼빈은 행복이라는 개념으로 설교를 시작한다. 철학자들이 제공한 다양한 정의들 중 만족스러운 것은 아무것도 발견되지 않는다. 그중 어떤 정의도 행복 추구를 인간의 경험 중 가장 근본적인 고통과 화해시키지 못하기 때문이다. 고통은 그리스도께서 당신의 제자들에게 인간의 이해를 넘어서는 행복과 함께 약속하는 첫 번째 것이다.

처음 두 가지 지복 안에서 고통당하는 이들은 가난한 이들, 즉 "심령이" 가난한 이들과 애통해하는 이들이다. 다른 주석가들과 달리 칼빈은 이런 용어들을 구별하는 데 시간을 허비하지 않는다. 그가 보기에 그 모든 것은 응당하든 응당하지 않든 고난이라는 개념을 나타낸다. 또한 우월한 영적 갈망이 아니라 고통, 수치, 재앙의 경험으로부터 오는 부서짐을 가리킨다. 가난하다는 것, 애통해한다는 것, 굶주린다는 것은 우리가 갖고 있지 않은 의를 갈망하는 일이 아니라, 더욱 단순하게, 모든 인간적 버팀목 ─ 교제, 존경, 건강, 그리고 물질적 안락 ─ 이 사라졌을 때 도움과 구원을 얻기 위해 하나님께 부르짖는 일을 의미한다.

설교자는 고통이 언제나 유익하다고 믿을 만큼 순진하지 않다. 부가 부자들을 강퍅하게 만드는 것처럼 고통은 고통당하는 자를 강퍅하게 만들 수 있다. 그는 그리스도인이 고통을 삶의 길로 추구해야 한다고 권하지 않는다. 그것은 자기학대 성애자 혹은 자신의 죄를 제거하고자 하는 금욕주의자의 길이다.

그러나 고통은 분명히, 그와 정반대편에 있는 번영보다 더 좋은 결과를 낳는 선물이다. 그것은 엄격하지만 중요한 교훈을, 즉 이 덧없는 세상을 넘어 하늘나라에 우리를 위해 예비된 구원을 고대하는 소망의 필요성을 가르친다. 설교자는 "하나님이 우리를 사랑하신다는 것만으로 충분하다"고 말한다. "이 세상을 떠날 때 우리는 믿음으로 그 사랑을 붙잡는다." 그러므로 하나님 나라, 위안, 만족에 대한 약속은 자기 의존이라는 본능을 거스르며 자신의 고통을 하나님께 가져가는 이들을 위한 것이다. 부동자이신 하나님은 우리의 눈물 때문에 움직이신다.

이 설교에는 비애감(pathos)은 있지만 감상적인 요소(sentimentality)는 없다. 승리는 오직 패배 후에, 패배 한가운데서 주어진다. 승리는 인자의 고난을 통해서 쟁취된다. 칼빈은 설교를 끝내면서 가장 두드러지고 (모든 세대의 사람들에게) 가장 불편한 진리를 강조하려 애쓴다. 바로 행복의 길은 곧 십자가의 길이라는 진리 말이다.

주

1 **우수한 학식을 얻기 위해.** "입을 열어 가르쳐 이르시되"(마 5:2)
라는 불필요한 표현에 대한 칼빈의 언급은 "우레의 아들"에 관
한 앞선 설교에서 했던 말과 다르지 않다. 이때 언어에 관한 주
(註)는 복음의 기록에 담긴 진정성을 보여 주는 역할을 한다. Cf.
Augustine, *Our Lord's Sermon on the Mount* (*NPNF* 6, p. 4) 참조:
"그분은 자기 입을 여셨다고 전해지지만, 옛 율법 아래에서 그분
은 예언자들 입을 여시는 데 익숙하셨다."

2 **최고 행복을 얻는 것.** 인문주의자였던 칼빈은 행복한 삶에 대
한 고전적 정의에 아주 익숙했다. 로마 작가들 중 키케로(Cicero)
와 세네카(Seneca)가 참고할 수 있는 준비된 자료를 제공했을 것
이다. 일반적으로 종교개혁자 칼빈이 검토하는 견해들은 에피
쿠로스학파의 다양한 강조점들(쾌락 추구와 고통 회피)과 스토아
학파의 다양한 강조점들(개인적이고 공적인 덕의 함양)을 반영한
다. "우리는 적절하게 행동해야 한다" 그리고 "덕은 만족에 의
해 길러진다"는 개념은 아리스토텔레스의 개념을 반영하는데
(*Nicomachean Ethics*, I.vii.9-viii.14), 그는 행동을 교정하는 핵심
열쇠는 도덕적 지식을 구체적인 상황에 적용하는 데 있다고 가
르쳤다. 아리스토텔레스에게 선한 삶은 덕보다는 그덕의 능동
적인 실천으로 이루어지는데, 이를 실천하는 이들에게 변함없
는 즐거움의 원천이었다. 그러나 올바른 행동이라는 개념은 어
느 한 학파에 국한될 수 없다. 그것은 "예의", 즉 상황에 적합한

명예로운 행동이라는 키케로의 이상을 포함할 수 있다(*De officiis*, I.xxvii.93–95; cf. *De finibus*, V.ix.24–26).

3 **우리 주 예수 그리스도의 학교.** 30년 이상 전에, 르페브르 (Lefèvre)와 그의 동료들은 팔복의 일반적인 요지를 비슷한 맥락 에서 묘사한 바 있다(*Epistres* 66B, p. 373). "인간의 눈으로 보기에 어리석음이 존재한다면, 그것은 이 복음서 구절 안에 들어 있다. 빈곤이 부요함이 될 수 있다거나 죽음이 생명이 될 수 있다는 것 을 세상이 어떻게 이해할 수 있겠는가? 전쟁이 평화가 되고 슬 픔이 기쁨이 된다는 것은? … 바울이 증언하듯이, 이 세상은 그 리스도와 아무 공통점이 없다. 세상의 현자와 철학자들이 하나 님의 지혜가 여기서 우리에게 계시하는 것과 같은 종류의 행복 에 대해 언제라도 생각해 본 적이 있는가? … 이 본문의 가르침 은 오직 예수 그리스도, 그분의 십자가, 그분의 진리와 말씀이 그들의 마음속에 참으로 심기어 있는 그리스도인들에게만 해당 한다."

4 **문맥에 적합하지 않다.** 여기서 칼빈은 "심령의 가난함"을 자기 비하나 자기부정과 동일시하는 오랜 주해 전통을 문제 삼는다. 히에로니무스(Jerome)에게 심령이 가난한 자는 성령에 이끌리어 자발적으로 자신을 낮추는 자들이다(마 5:3에 관한 주석; *S. Chr.* 242, pp. 104–105). 크리소스토무스(Chrysostom)는 그들을 "하나 님 명령 앞에서 떠는 깊이 뉘우치는 자들 … 위엄에 눌린 자들" 로 규정한다(*Homily XV on St Mattthew*, *NPNF* 10, p. 92). 에라스뮈 스(Erasmus)는 같은 취지에서 아우구스티누스(Augustine)의 말을

88

인용한다(*Ann.*, p. 25). 루터(Luther)는 영적으로 가난한 자를 현세의 재화를 믿는 "부유한 배불뚝이들"과 맞세운다. 그에게 가난한 자는 아무것도 갖지 않은 자들처럼 생동하는 사람들이다. 그들은 언제든 기꺼이 모든 것을 하나님을 위해 포기할 준비가 되어 있다(*Sermon on the Mount*, *LW* 21, pp. 13–15). 칼빈은 내적 성향이 중요하다는 점을 부정하지 않는다. 하지만 그는 그것을 모든 교만을 부수고 우리를 하나님께로 되돌리는 다양한 시련들의 결과로 여긴다. 칼빈은 심령이 가난한 자를, 자기를 낮추는 자들이 아니라 삶의 사건들로 인해 낮아진 사람들로 여긴다.

5 **우리가 나중에 살필 구절.** 다양한 구절들이 있지만, 그중에서도 예수와 부유한 관원의 이야기(마 19:16–22와 병행구들) 그리고 바리새인과 세리의 비유(눅 18:9–14)를 가리킨다.

6 **낮고 전에 경멸당하던 이들.** 누가복음 1:52. 종교개혁자 칼빈은 『복음서들의 조화』열한 번째와 열두 번째 설교에서 이 구절을 상술한 바 있다.

7 **고작 1페니.** 이 언급은 운에 맡기는 게임에서 얻은 점수나 돈의 총계를 내기 위해 칩이나 패를 사용하는 일을 가리킨다. 제네바에서 도박이 금지되었다는 사실은 이 유비에 추가적인 아이러니를 부여한다. 주드폼(*Jeu de paume*, 프랑스에서 유래된 공과 코트를 사용하는, 테니스의 효시가 되는 게임 ― 옮긴이)에서 앞뒤로 움직이는 공과 연관된 이미지는 칼빈이 섭리가 변덕스럽거나 불규칙하다는 믿음을 풍자하기 위해 자주 사용한다. 욥기 5:11–15; 12:17–25에 관한 설교들(*CO* 33.246, 594); 예레미야 18:1–10에

관한 설교들(*SC* 6, 141, pp. 145); 고린도전서 10:7에 관한 설교
(*CO* 49.617) 참조.

8 **볼 수 있는 무언가.** 로마서 5:3(의역), 로마서 8:24과 함께.

9 **소화하기 어렵다.** 소화하기 전 음식을 씹는 일에 관한 은유는 시
편 119편에 관한 설교(*CO* 32.483)와 욥기 8:7–13에 관한 설교
(*CO* 33.387)를 살펴보라. 에베소서 6:19–24에 관한 설교 참조:
"비록 우리가 우리에게 선포된 말씀을 받아 그것을 삼키기 위
해 곱씹는다고 할지라도, 우리는 하나님이 그분의 성령으로 우
리를 일깨워 주실 때까지 여전히 나무토막처럼 무감각하게 남
아 있습니다"(*CO* 51.856–7). 하나님의 교육에 관한 이런저런 측
면들에 관해서는 Ford Lewis Battles, "God was Accommodating
Himself to Human Capacity", *Interpretation* 31 (1977), pp.
19–38을 보라.

10 **이를테면 죽은 사람처럼 되다.** 여기서 종교개혁자 칼빈은 다
시 죄로 인해 슬퍼하는 일이 무엇을 의미하는지와 관련해 교부
들이 일반적으로 선호했던 독법을 탈피한다. 푸아티에의 힐라
리오(Hilary of Poitiers): "하늘에 우리를 위한 위안이 조심스럽
게 마련되어 있는 것은 우리가 사랑하는 사람의 죽음, 모욕, 혹
은 잘못된 일에 슬퍼하기 때문이 아니라, 우리가 우리 이전의
죄를 슬퍼하고 우리 범죄의 심각함을 날카롭게 느끼기 때문이
다"(*On Matthew* 4.4, *S. Chr.* 254, pp. 124–125). 아우구스티누스
는 얼마간 예외적이다: "애도는 소중한 것의 상실로부터 솟아
오르는 슬픔이다. 하지만 하나님께로 회심한 자들은 그들이 이

세상에서 소중하게 여겼던 것들을 잃어버린다. … 영원한 것을 향한 사랑이 그들 안에서 나타날 때까지, 그들은 얼마간 슬픔 때문에 상처를 입는다"(*Our Lord's Sermon on the Mount*, NPNF 6, p. 22).

11 **악을 행하는 자들이 우리를 억압하다.** 칼빈은 그리스도인들이 경험하는 고난이 필연적으로 우리가 지닌 장점(덕)에 대한 증거나 외부에서 압제한 결과라는 견해를 선호하지 않는다. 개인적 유약함, 신중치 못함, 무모함, 자기 의지 등 모든 것이 개인적 불행에 영향을 준다. 이 종교개혁자가 지속해서 가르치는 바는, 고난이 하나님께서 그리스도인의 성품을 부드럽게 하고 훈련하심으로써 그리스도를 더욱 닮아가게 하시고 자기 사람들을 이 세상에 대한 사랑에서 떠나게 하시는 수단이라는 점이다. "신자들은 … 그들의 연약함에 대한 증거들로 경고받고, 겸손으로 나아가, 육신에 대한 그릇된 확신에서 벗어나 하나님의 은총에 의지한다"(*Inst.* 3.8.2).

12 **나의 눈물을 주의 병에.** 시편 56:8. 칼빈은 이 구절에 대한 앞선 주석에서(*CO* 31.550) 명령법을 선호했다. "나의 눈물을 담으소서"(한글 개역개정판은 이미 그렇게 번역하고 있다 ― 옮긴이).

3
온유함과 긍휼

온유한 자는 복이 있나니 그들이 땅을 기업으로 받을 것임이요
의에 주리고 목마른 자는 복이 있나니 그들이 배부를 것임이요
긍휼히 여기는 자는 복이 있나니
그들이 긍휼히 여김을 받을 것임이요
(마 5:5–7)

예수께서 눈을 들어 제자들을 보시고 이르시되
너희 가난한 자는 복이 있나니 하나님의 나라가 너희 것임이요
지금 주린 자는 복이 있나니 너희가 배부름을 얻을 것임이요
(눅 6:20–21a)

믿기 어려운 약속

자연이 가르치는 것에 유의하기만 한다면, 우리는 인간이 바랄 수 있는 가장 행복한 상태를 즐기게 될 것입니다. 하나님께서는 우리 모두를 당신의 형상을 따라 지으셨고, 그런 까닭에 우리는 이웃을 보는 일만으로 우리 자신을 볼 수 있기 때문입니다. 우리는 모두 육체입니다. 사람들의 외모와 태도가 서로 아주 다르기는 하나, 하나님께서 우리에게 부여하신 통일성을 지우는 일은 불가능합니다. 만약 그것만 우리 마음에 굳건하게 새겨져 있다면, 우리는 모두 서로와 더불어 일종의 지상 낙원을 이루며 평화롭게 살아갈 것입니다.

그러나 실제 상황은 정반대입니다. 우리 주변의 모든 이들은 그들 자신의 관심사를 따르고 자기 이익을 추구합니다. 모든 이들은 다른 이들 위에 군림하기를 원합니다. 그러하기에 우리가 화를 내는 순간, 우리의 교만과 무뚝뚝함, 우리의 앙심이 드러납니다. 가혹함과 잔인함까지 넘쳐 납니다. 우리는 앙심을 품고 끝없이 문제를 일으킵니다. 마치 어떤 이가 기분이 상할 때마다 하늘에서 번개가 치는 것과도 같습니다. 그러므로 삶의 과정에서 우리가 수많은 어려움을 겪을지라도, 그에 대한 설명을 얻기 위해 멀리 내다볼 필요가 없습니다. 인간이 겪는 고통은 동료 인간들한테서 옵니다.

물론 사람들 모두는 나름대로 변명거리를 갖고 있습니다. 그들은 자기들과 함께 살아가는 이들을 친절하고 부드럽게 대하고 그들에게 인내를 보이는 일 외에는 아무것도 바라지 않는다고 말합니다. 하지만 이어서 그들은 자신의 인간적 본성을 부인하는 것은 가능하지 않다고 덧붙입니다. "우리는 사냥개와 함께 사냥해야 해. 양이 되면 다른 누군가의 저녁거리가 될 위험이 있어."[1] 이것이 보통 사람들이 자신들의 행위를 은폐하기 위해 제공하는 변명입니다. 실제로 그들은 비통함과 교만, 오만함으로 가득 차 있어서 서로를 견디지 못합니다. 그러므로 우리는 하나님의 아드님이 여기서 우리를 위해 제공하시는 교훈을 기억하는 것이 합당합니다. 비록 우리를 학대하는 이들에게 복수하지 못하는 것이 부당하다고 여길지라도, 그분은 우리에게 **땅을 기업으로 받을 이들은 평화를 만드는 이들과 온유한 자들**이라고 말씀하시기 때문입니다.

하지만 상식은 우리에게 그런 일은 신뢰할 수 없다고 말합니다. 또한 경험은 우리에게 승리와 성공은 가장 대담하고 가장 공격적인 이들에게 돌아가는 반면, 겸손한 이들은 설령 자신들이 가진 모든 것을 다른 이들이 강탈하거나 속여 빼앗을지라도 감히 입을 열어 저항하거나 불평하지 않는다는 점을 넌지시 알려 줍니다. 상식은 우리에게 온유한 사람들은 언제나 모욕과 학대를 당하며, 심지어 숨어서 숨을 쉬거나 추적자들을 떨쳐 버릴 작은 구석조차 발견하기 어려울 것이라고, 말하자면 늑대 무리 가운데 있는 어린양 같아질 것이라고 알려 줍니다. 그럼에도 우리 주 예수 그리스도께서 온유한 자가 땅을 기업으로 받으리라고 약속하셨을 때 그분은 헛된 주장을 하셨던 게 아닙니다.

이런 가르침은 세속적 지혜를 지닌 자들에게는 이치에 맞지 않을 수 있습니다. 그러나 신자들은 그 참됨을 충분히 맛보았기에 빈말이 아니라는 것을 압니다. 사람들이 아무리 분개하고 계속 싸우고, 공격하고, 훔치고, 다른 폭력적 행위를 할지라도, 또한 경쟁에서 이기려고 아무리 다툴지라도, 그들의 마음 상태를 솔직하게 고려한다면 우리는 정반대의 가르침이 사실임을 발견하게 됩니다. 그들에게는 개인적 필요를 가진 모든 이가 적입니다. 자연스럽게, 만약 그들이 폭군의 권력을 얻을 수 있다면 아무도 감히 공개적으로 맞서지 못할 것입니다. 그렇더라도 그들은 속으로 초조해하고 불끈거릴 것입니다. 그들은 자기들에게 친구가 없다는 점을 알고 불안과 동요 가운데 모든 이를 불신합니다. 맹목적인 의심은 마치 찌르는 가시처럼 그들을 몰아붙이거나 날카로운 못처럼 시야를 가리면서 그들을 공포로 가득 채우고, 자신들이 적에게 쫓기는 중이라고 잘못 상상하는 잃어버린 영혼처럼 그들을 흩어지게 만듭니다.

비록 그들 자신은 다른 이들을 두려워할 이유가 아무것도 없다고 가정할지라도, 하나님께서는 분명히 당신을 그들의 심판자로 드러내실 것입니다. 그들이 무모한 행위로 하늘과 땅을 동요시켰던 것처럼, 하나님께서는 그들을 내적으로 동요시키십니다. 예언자 이사야의 말처럼, 그들의 양심은 폭풍에 흔들리는 바다 물결 같아질 것입니다. 그들은 오래되어 익숙한 상태에서 그들 자신과 싸울 것입니다. 예언자 자신이 선언하듯이,[2] 그들은 결코 평온함을 얻지 못할 것입니다. 바로 이것이 율법에서 분명하게 그린 자들의 삶은 실에 매달려 있다고, 그들의 눈이 이마 속으로 가라앉을 것이라며, 그들의 사지가 떨릴 것이라고 말하는 이유입니다. 또한 그들이 아침이 다가오면 "내가 밤이 내리는 것을 볼 수 있을 만큼 살 수 있을까" 하고 부르짖으며, 저녁이 오면 "내가 이 밤을 지낼 수 있을까? 혹시 내가 공격받는다면, 무엇을 할 수 있을까?" 하고 묻게 되리라고 말하는 이유입니다.[3]

오직 허영과 거짓, 편견으로 눈먼 자들만이 이사야의 예언이 얼마나 참된지를 보지 못할 것입니다. 우리는 모두 늑대처럼 동료 인간들을 약탈하고, 그들 것을 빼앗고 삼키며, 오만과 교만으로 인해 할 수 있는 한 모든 것을 얻고자 하는 자들이 처한 상황이 어떠한지 알고 있습니다. 그들은 한순간의 평화도 결코 알지 못합니다. 그들은 땅을 소유할 수 있고 강력한 주군이 될 수도 있습니다. 그러나 어느 곳을 걷고 있든, 그들은 죽은 사람과 같습니다. 성채와 요새들, 잘 무장한 경호원들에도 불구하고 그들은 사실상 감옥에 갇혀 있습니다. 넓은 들판에 여러 경호원과 더불어 있으면서도 안전하지 않으며 계속해서 두렵고 떨리는 상태입니다.

요약하자면, 그들은 자기들이 어디로 가든 가인처럼 마음의 평화가 없으며 사방으로 근심에 쌓여 있다는 점을 너무나 잘 인식합니다. 그들은 많은 것을 소유하고 있으나 결국 아무것도 갖고 있지 않습니다. 자기들이 가졌다고 생각하는 것을 즐기지 못하기 때문입니다. 바로 이것이 이 세상이 위대하다고 여기는 모든 이들이 처한 상황입니다. 내적으로 그들은 혼란스러운 상태에 있습니다. 사람들 평가로는 그럴 만한 아무 이유가 없음에도 말입니다. 어째서 그런 것일까요? 그것은 하나님이 다른 모든 이들에게 문제를 일으키는 자들에게 문제를 일으키시기 때문입니다. 그들은 곤궁한 상태로 주변에서 온통 적들을 발견하고 크든 작든 모든 사람이 자신에게 위협이 된다고 판단합니다. 아무도 그들을 향해 위협적인 말 한마디나 손가락 하나 까닥하지 않는데도 크게 분개합니다. 온 세상이 입을 닫고 그들 위에는 명예가 쌓일 것입니다. 그럼에도 하나님이 손을 뻗어 그들이 받을 만한 벌을 그들에게 내리실 것입니다.

목자의 양으로 살기

역으로, 신실하게 살며 끈기 있게 인내하는 가난한 사람은 안전합니다. 아무리 많은 잔인한 일과 시련을 겪을지라도, 시편 37편이 노래하듯이[4] 그들은 확실하게 땅을 차지할 것입니다. 비록 한 평의 땅도, 목초지도, 포도원도, 밭도, 혹은 집도 갖지 못할지 모르나, 그들은 자신을 이 세상에 보내신 이가 하나님이시라고 확신합니다. 그들이 나뭇가지에 앉은 새와 같은 처지일지라도, 그들은 아주 확신 있게 말할 수 있습니다. "내가 어디에 있든 하나님이 내 발걸음을 이끄실 것이다. 대지 또한 나를 환영하고 양육할 것이다. 대지는 원래 그런 목적으로 지음 받았기 때문이다. 하나님께서는 내가 이곳에서 집을 찾는 것을 허락하실 것이다. 또한 그분은 그분이 기뻐하시는 한 나를 자신의 손님으로 돌보아 주실 것이다."

어떤 이가 그런 확신을 가질 때, 즉 하나님이 자신을 지지하시고 앞으로도 계속해서 지지해 주시리라는 것을 알 때, 그는 사는 내내 두려움으로 움찔거리고 기어가듯 살아가는 자들보다, 모든 것을 삼키려고 하면서 왕국이나 공국, 시골, 혹은 도시로도 만족하지 못하는 자들보다 훨씬 더 부유합니다.

그런 이들의 일이 끝나면, 그들은 물러날 곳이 아무데도 없습니다. 숨을 곳도 없고 피난처도 없습니다. 하나님이 그들과 맞서시고 모든 사람이 그들의 적이 될 것이기 때문입니다. 이와 달리 비록 신자들은 이 세상에서 이방인이고 방랑자들이지만, 이 땅에 있는 그들의 초라한 집은, 탐하는 모든 이에게 큰 고통의 근원이 되는 이 세상 어떤 커다란 영토보다도 훌륭하지 않습니까?

경험은 또한 우리에게 하나님께서 신자들을 살피신다고 가르칩니다. 사정이 그렇지 않다면 무슨 일이 벌어질지 상상해 보십시오. 잠시 불신자들의 악의와 분노를 생각해 보십시오. 그들은 자기 아버지인 사탄의 거울상(像)입니다! 하나님이 신자들을 살피지 않으신다면, 세상은 살인자들로 가득 찰 것입니다. 하나님이 당신의 은밀한 권능으로 그들을 안전하게 지켜 주시지 않는다면, 선하고 평화를 사랑하는 모든 이들은 순식간에 세상에서 사라질 것입니다. 이것이 이 대목에서 분명하게 드러나는 하나님의 은혜에 대해 고의적으로 눈을 감을 때 예상할 수 있는 상황입니다.

더 나아가 우리는 하나님이 주 예수 그리스도를 우리 목자(牧者)로 주셨다는 것을 압니다. 목자로서 그분이 하는 가장 중요한 사역은 그분이 우리를 위해 확보하신 영원한 구원에 이를 때까지 우리 영혼을 보존하시는 일입니다. 이 덧없는 세상에서도 그분은 또한 우리의 육체적 존재를 돌보십니다. 그러므로 우리 모두 그분의 양이 됩시다. 그분은 늑대가 아니라 우리 목자이시기 때문입니다. 만약 우리가 사나운 짐승처럼 사는 쪽을 택해 모든 제약을 벗어 던지고, 속담이 말하듯 상처에 모욕을 더한다면, 또한 공격을 받자마자 분개해서 무기를 들고 우리 스스로 복수하고 할 수 있는 만큼 혼란을 일으키려 한다면, 우리는 예수께서 우리 목자가 되시기를 기대해서는 안 됩니다. 그분이 요구하시는 일은 우리가 그분 목소리를 듣는 것입니다. 양과 어린양들은 주인의 목소리를 듣습니다. 그러나 그들을 우리 본보기로 삼읍시다! 우리가 정직하고 신중하다면, 하나님의 아드님이 얼마나 강력한 보호자이신지를 분명히 발견하게 될 것입니다. 그분은 우리를 보호하고 유지하기 위해 성부의 권능을 사용하실 것이기 때문입니다.

선으로 악을 이기라

온유한 자가 땅을 기업으로 받으리라. 이는 인간의 마음으로는 생각할 수 없는 개념입니다. 오히려 사람들은 일반적으로 은혜롭고 신실하고 오래 참는 모든 이는 가난한 바보들이라고 말합니다. 그들은 사람들의 선한 본성이 학대를 당하게 하느니 차라리 복수하는 쪽이 나을 것이라고 말합니다. 그럼에도 예수께서 다른 곳에서 선언하신 말씀은 참됩니다. 최상의 그리고 가장 바람직한 방법은 우리의 신실함을 유지하고, 헐뜯음을 당할 때 끈기 있게 인내를 실천하며, 악을 악으로 갚지 말고 선으로 악을 이기는 것입니다.[5] 그렇게 한다면, 우리는 땅을 소유할 수 있는 한 가지 참된 방법을 발견한 셈이 됩니다. 결국 사람들이 대담하고 야만적인 이들을 보고 떨며 그들이 오는 것을 두려워할 때 그들이 추구하는 바가 무엇입니까? 그들의 목표는 땅을 얻고 폭군으로서 다스리는 일 아닙니까? 그렇습니다. 이것이 그들이 자신들을 위해 탐하는 것입니다.

그러나 앞서 이미 보았듯이 그들 자신이 세상 모든 곳에서 포로 상태에 있습니다. 넓은 들판에서, 마을에서, 성에서, 요새에서 모든 이가 그들의 적입니다. 그들은 자기 자신과 전쟁을 벌이고 있습니다. 그들이 어디에 있든 하나님이 그들을 추적하십니다.

우리에 관해 말하자면, 우리는 계속해서 하나님의 아드님이 우리에게 선언하시는 말씀으로 돌아가야 합니다. 그분이 말씀하시는 것은 영원히 참되며 들을 만한 가치가 있기 때문입니다. 이 점을 분명히 합시다. 그분이 말씀하시는 것처럼, 우리가 자기를 통제하고 인내한다면, 그분이 요구하시고 우리를 부르시는 온유함을 지닌다면, 우리는 온 땅을 기업으로 받을 것입니다. 우리는 감사하고 자유롭고 열린 마음으로 하나님의 친절하심으로 인해 이곳 세상에서 살아가는 우리에게 제공하시는 좋은 것들을 즐길 것입니다. 또한 설령 우리가 어

떤 문제에 휩싸여 있을지라도 늘 평안하리라고 확신하게 될
것입니다.

물론 우리는 이 약속이 아직 온전하게 성취되지 않았다는
점을 인식해야 합니다. 오늘 우리는 그 약속의 참됨을 부분적
으로 경험하는 것으로 충분합니다. 성경은 마지막 날이 구속
의 날, 즉 하나님의 자녀들이 소생하고 회복되는 날이 되리
라고 옳게 말씀합니다.[6] 그러므로 우리는 그리스도께서 약속
하신 유업을 얻고 그 땅을 우리에게 주신 선물로 주장할 날을
인내하며 기다려야 합니다. 우리는 끝까지 우리의 길을 추구
하고 우리가 살아가는 세속에서의 순례를 완성하는 일로 만
족해야 합니다. 우리가 어디에 있든, 겪는 시련과 감내하는
압박과 상실이 어떠하든, 우리가 그분의 자녀이고 상속자이
기에 모든 것이 우리 것이 되리라는 하나님의 확언과 우리 양
심의 증언을 신뢰하는 데서 만족해야 합니다. 더 나아가 교만
한 자와 포악한 자, 그리고 야만스러운 짐승처럼 다른 이들
을 이겼을 때 모든 것을 가졌다고 여기며 허세를 부리는 자들
을 질시하지 말아야 합니다. 이것이 본질적으로 이 구절이 가
르치는 바입니다. 그러므로 우리는 우리로 하여금 "토끼와 함
께 달리고 사냥개와 함께 사냥하라"고 촉구하는 사악한 속담
을 증오해야 합니다. 그대신 복수하거나 우리 목적을 옹호하
려는 충동보다 우리 주님의 보호하심을 더 높여야 합니다. 우
리를 지탱하시는 그분의 권능은 제한이 없으시고, 그분은 어

떤 적보다도 측량할 수 없을 만큼 강력하심을 입증하실 것이
기 때문입니다. 바로 이것이 우리가 여기서 배워야 할 내용입
니다.

의와 주림은 명령이 아니다

다음으로 성경은 **의에 주리고 목마른 자는 복이 있나니 그
들이 배부를 것임이요**라고 말씀합니다. 누가는 단순하게 **지
금 주린 자는 복이 있나니 너희가 배부름을 얻을 것임이요**라
고 말합니다. 마태는 정확함을 위해 "의"라는 단어를 첨가합
니다. 그럴지라도 그의 말은 지금껏 잘못 해석되었습니다. 어
떤 이들은 이 구절에서 정당한 것 이상의 더 높고 미묘한 의
미를 찾아 왔습니다. 그들은 우리가 의에 열심을 내야 한다고
말합니다. 즉 우리가 더 공정하고 바른 질서를 갈망해야 한다
고 말합니다. 그러면 하나님이 우리가 얼마나 진지한지 보실
때 세상을 더 낫게 바꾸실 것이며 우리 마음을 기쁘게 해 주
실 것이라고 말합니다.

적절한 맥락에서 가르치는 것은 아주 좋은 일입니다. 그러
나 복음서 저자들은 여기서 그리스도가 하신 말씀의 의미를
온전하게 그리고 충실하게 설명합니다. 누가의 말에서 그렇
게 미묘하거나 깊은 의미를 끌어내는 일은 불가능합니다.[7] 그
는 우리가 의에 주려야 한다거나 그렇게 많은 악 앞에서 하나

님께 부르짖으며 그분께서 세상을 바로잡아 주시기를 간청해야 한다고 말하지 않습니다. 성경이 **의에 주린 자는 복이 있다**고 할 때 뜻하는 것은, 우리가 앞서 살펴본 바와 같은 의미입니다. 즉 슬퍼하는 자, 심령이 가난하여 고통당하는 자, 그리고 피난처와 구조를 얻기 위해 하나님께로 돌아서는 자에게 복이 있다는 말씀과 같습니다.

그렇다면 어째서 마태는 여기에 "의"라는 단어를 덧붙인 것일까요? 완벽하게 적절한 개념을 표현하기 위해서입니다. 실제로 마태가 가리키는 바는 하나님의 자녀들은 굶주리고 갈급할 ─ 압제를 당하고 도움과 위로를 빼앗길 ─ 뿐 아니라 나름의 권리를 갖게 되리라는 점인데, 그들이 누군가가 자기들을 해칠 이유를 제공하지 않을 것이기 때문입니다. 그들이 아무에게도 해를 입히지 않은 일로 특별한 권리나 호의를 얻고자 함이 아닙니다. 그들은 부정직한 수단으로 목적을 성취하려 하지 않습니다. 그들이 요구하는 바는 오직 공평하게 대우받고 이유 없이 괴롭힘을 당하지 않는 것입니다. 그들은 이런 식으로 느낄 모든 권리가 있지만, 그 바람은 쉽게 혹은 즉각적으로 이루어지지는 않을 것입니다. 그러니 그들에게 주어진 약속, 즉 그들이 배부를 것이라는 약속이 없었다면, 얼마나 비참하고 불행하겠습니까?[8]

이것이 우리 주님이 여기서 하신 말씀을 가장 잘 이해하는 방법입니다. 그분은 무엇보다도 휴식이나 수면 상태를 즐기지 못할 것이고, 오히려 우리가 굶주리고 갈급할 것이며, 삶의 모든 필요에 대한 바람이 실망을 겪게 될 것이라고 경고하십니다. 우리가 필요로 할 때마다 음식과 음료를 얻는 일은 없을 것입니다. 설령 우리가 그런 필요들을 얻을지라도, 옷과 거처를 얻지 못할 수 있습니다. 다음으로 그분은 우리가 아주 심하게 괴로움을 당할 것인데, 도움을 얻기 위해 의지할 만한 이가 아무도 없을 것이라고 말씀하십니다. 그 상황은 마치 사람들이 자유자재로 우리 얼굴에 침을 뱉는 일과 같을 것입니다.

이것은 견디기 어렵고 비통한 상황입니다. 특히 우리 자신의 연약함을 고려할 때 그러합니다. 우리는 너무 연약하기에 정말 아무것도 아닌 것이 우리를 절망으로 가득 채웁니다. 그러므로 우리가 마침내 배부르게 되리라는, 그리고 하나님이 부족한 모든 것을 공급해 주시리라는 확실한 소망 안에서 안식을 누리는 법을 터득합시다. 오늘 우리가 내적 힘이나 외적 도움을 빼앗긴 채 죽음의 문턱에 있는 사람들과 같다면, 오늘 우리가 궁지에 몰렸다면, 이런 소망이 우리를 지탱하고 유지하게 합시다. 그렇게 우리가 하나님을 바라볼 때 그분의 일하심이 우리의 굶주림을 채워 주실 것입니다.

만약 우리가 옳으며 우리 자신을 위해 특별한 이득을 구하지 않음에도 굶주림을 경험해야 한다면 놀라운 일일까요? 우리는 정말로 아무도 공격하지 않고 다른 누군가의 비용으로 이득을 보려 하지 않고 우리 자신을 위해 오직 공평과 평등만을 요구할 수도 있습니다. 그럼에도 우리는 굶주림과 갈증을 견뎌 내야 할 수 있습니다. 하나님은 우리의 인내심이나 믿음을 시험하시려고 한동안 우리가 시들해지도록 남겨 두실 것입니다. 오늘 우리가 완전히 평안한 상태에서 아무것도 부족하지 않고 우리를 기쁘게 하려는 사람들에 둘러싸인 채, 주변에 우리를 고통스럽게 하거나 화나게 할 이가 아무도 없다면, 여기서 배운 가르침을 굳이 실천해야 할 이유가 무엇이겠습니까?

그러므로 굶주림과 갈급함은, 우리에게는 하나의 필요입니다. 이미 보았듯이, 우리는 날카로운 이빨과 발톱으로 우리를 찢고, 가르고, 파괴할 준비가 되어 있는 사나운 짐승들 사이에서 살아가는 사람들로서 온유해야 하기에 계속해서 인내하며 분발해야 합니다. 우리는 하나님께 기도하기 위해 굶주리고 갈급해야 합니다. 또한 설령 그분이 우리가 옳을 때조차 고통을 겪게 하실지라도, 슬픔이나 낙심이나 맹목적 공포에 빠져서는 안 됩니다. 우리는 결국 하나님이 우리의 모든 필요를 채워주시리라는 기대를 굳게 붙잡아야 합니다. 바로 이것이 우리가 본문을 통해 배워야 할 또 다른 가르침입니다.

긍휼은 감정이 아닌 행위다

우리 주 예수 그리스도께서는 계속해서 이렇게 덧붙이십

니다. **긍휼히 여기는 자는 복이 있나니 그들이 긍휼히 여김을 받을 것임이요.** 다시 한번, 이것은 우리의 평범한 사고방식으로는 아주 낯선 말입니다. 근심이나 괴로움이 없는 상태를 제외하고, 우리가 다른 어느 곳에서 행복을 상상할 수 있습니까? 우리는 이렇게 외칩니다. "우리를 내버려 두라. 다른 이들은 침묵 속에서 고통받게 하라. 우리는 그것에 대해 알고 싶지 않다. 우리는 괴로워하기를 원치 않는다."

마음의 평화, 다른 모든 것에 대한 무관심. 우리 자신의 물리적 필요를 채우고 세상의 모든 악행에 대해 생각하면서도 아무런 슬픔이나 불안이나 고통을 느끼지 않는다면, 우리로서는 그것으로 충분합니다. 바로 이것이 많은 이들이 평안할 때, 즉 자기 주변에서 벌어지는 일을 생각하지 않으면서 좋은 삶을 살 수 있을 때 자신이 복을 받았다고 상상하는 이유입니다. 그들은 오직 자신에게 영향을 줄 수도 있는 소식을 듣지 않기 위해 귀를 닫아걸고 싶어 할 뿐입니다.

우리를 괴롭히는 두 종류의 감정이 존재합니다. 하나는 개인적 불운에서 나오는 불행(unhappiness)이라는 감정입니다. 다른 하나는 우리가 아주 심한 고통을 당하는 가련한 사람, 이를테면 부당하게 핍박당하거나 모든 세속적 재화를 잃어버린 사람, 부모를 잃은 불행한 아이들, 남편을 잃은 아내들, 혹은 우리를 크게 괴롭히는 예기치 못한 사건들을 만난 이들을 볼 때 품게 되는 연민(compassion)이라는 감정입니다. (사람들이 그 용어로 이해하는바) 행복을 추구하는 이들은 자신들에게 상처의 형태로 혹은 재산 상실이라는 형태로 찾아오는 개인적 불운을 피하고자 합니다. 그들은 사람들의 인정을 바랍니다. 오락을 즐기며, 웃음 속에서, 그리고 행운을 누리며 흥청거립니다. 그들은 사람들의 아첨과 칭찬을 원합니다. 바로 그것이 우리가 고려해야 할 한 가지 사항입니다.

그러나 그 이상의 것이 있습니다. 그들이 "당신은 저 가난하고 비참한 사람을 보는가? 그는 무시무시한 고통을 당하고 있다. 그는 아무것도 가진 게 없다. 돈도, 건강도 모두 잃었다"라는 말을 듣는다고 가정해 봅시다. 이런 소식은 세속적인 사람들에게는 짜증의 근원이 됩니다. 우리가 잘 알듯이, 그런 이들은 교묘하게 자기들 마음을 강퍅하게 만듭니다. 그들은 다른 이들이 겪는 불행을 동정하지 않을 뿐 아니라, 모두가 굶주린 채 돌아가는 상황에 완전하게 만족합니다. 그들이 많은 양의 밀을 갖고 있을 수 있습니다. 그러나 그들은 자신의 지갑이 채워지기만 한다면, 세계 인구가 자기들의 관심사 때문에 멸망하더라도 상관하지 않습니다. 그들은 자기들의 사업이 잘되는 한 가난한 이들이 굶주리는 데 신경 쓰지 않습니다.

이와 유사한 예는 더욱 많습니다. 이런 예들은 모두 하나님을 조롱하는 사람들이 근심과 걱정을 피하려고 동정과 연민을 얼마나 쉽게 던져 버릴 수 있는지를 보여 줍니다. 그런데 여기서 성경은 아주 다른 말씀을 합니다. 우리가 자신의 고통을 인내하며 견뎌야 한다는 것입니다. 이것은 이미 지적한 내용입니다. 그뿐 아니라 우리는 또한 이웃의 고통 역시 견뎌야 합니다. 우리가 그들의 고통 때문에 깊이 영향을 받고 사랑으로 감동되어 함께 울 수 있으려면, 우리는 말하자면 그들의 정체성에 대해 생각해야 합니다. 우리는 바울이 우리에게 권고하는 대로[9] 우는 자와 함께 울어야 합니다.

앞에서 비록 우리가 불운, 문제, 핍박, 학대에 노출되었을지라도, 하나님을 바라볼 때 그분이 우리 고통에 복을 내리시므로 참으로 행복할 수 있다고 말한 바 있습니다. 이 구절에서 주 예수 그리스도께서는 신자들을 한 걸음 더 앞으로 이끄시면서 우리가 고난받을 때 온유하고 인내해야 하는 것만큼이나 다른 이들이 고통당할 때 그들과 하나가 되어야 하며, 그들의 고통에 대한 연민에 사로잡혀 마치 그 고통이 우리 것인 양 도울 방법을 찾아야 한다고 가르치십니다. 다시 말씀드립니다만, 하나님은 우리를 한 몸으로 만들기 위해 하나로 모으셨습니다. 모든 지체는 필연적으로 하나이며, 각 개인은 더는 고통을 견딜 수 없는 다른 이들을 구제하기 위해 자기 몫의 고통을 분담해야 합니다. 바로 이것이 우리가 여기서 붙들어야 하는 진리입니다.

동정심이란 무엇입니까? 간단하게 말해, 다른 누군가의 슬픔에 대해 느끼는 고통입니다. 어떤 이는 건강하고, 만족스럽고, 먹고 마실 것이 풍족하고, 그 어떤 위험으로부터도 안

전할 수 있습니다. 그러나 그가 고통에 처한 이웃을 볼 경우, 그에 대해 어떤 감정을 갖고, 그의 슬픔을 공유하고, 짐 일부를 나누어 짐으로써 그의 짐을 가볍게 해 주어야 합니다. 바로 이것이 긍휼이 의미하는 바입니다.

같은 개념이 우리 언어에서 "구호품"(alms)이라는 단어로 표현됩니다. 유감스럽게도 "구호품"이라는 말의 의미는 그동안 오해를 받았습니다. "자선"(alms-giving)이라는 단어가 의미하는 바는 인간의 감정에 의해 영향을 받은 그 무엇이 아닙니다. 물론 가난한 사람에게 베풀 수 있지만, 그것은 마지못해 그리고 주저하며 제공된 몸값, 공물, 혹은 강제 징수금 같은 것입니다. 어떤 부자가 재물을 제공할 때 그가 자신에게 "여기에 그리스도의 몸의 한 지체가 있다. 우리는 모두 함께 연결되어 있다"라고 말한다는 암시는 어디에도 없습니다. 우리가 다른 이를 도울지라도, 그 도움이 우리 마음으로부터 우러나오는, 주변에서 목격하는 불운 중 우리 몫을 짊어지라고 명령하는 사랑에 의해 감동되지 않는다면 아무것도 아니라는 것을 이해하는 일이 무엇보다도 중요합니다. 또한 하나님께서는 우리 모두를 한데 묶으셨으므로 우리 중 아무도 다른 이들에게서 등을 돌리고 혼자 살아가서는 안 됩니다. 여기에는 평온과 안락한 삶의 즐거움을 약속하는 무관심을 위한 여지가 존재하지 않습니다. 우리는 사랑의 법이 요구하는 대로 우리 감정을 확대해야 합니다.

그러므로 병에 걸리거나 가난하거나 궁핍한 사람들 혹은 몸이나 마음에 어려움과 고통이 있는 다른 이들을 볼 때, 우리는 "이 사람은 나와 같은 몸에 속해 있다"라고 말해야 합니다. 이어서 우리는 우리의 행위로 우리가 자비롭다는 점을 입증해야 합니다. 우리는 고통을 당하는 자들을 향한 연민을 수도 없이 선포할 수 있습니다. 그러나 우리가 실제로 그들을 돕지 않는다면, 우리의 주장은 가치 없게 될 것입니다. "오 저런! 그 가련한 사람처럼 되는 것은 얼마나 무서운 일인가!"라고 말하는 이들은 많습니다. 그들은 단지 그런 말로 모든 것을 털어 내려고만 할 뿐 그를 돕기 위한 아무런 시도도 하지 않습니다. 연민에 대한 표현만으로는 아무도 행동하게 만들 수 없습니다. 요약하자면, 사람들이 하는 말을 모두 믿을 수 있다면 이 세상은 긍휼로 가득 차 있습니다. 그러나 실제로 그 모든 것은 주장일 뿐입니다. 야고보는 그의 서신 2장에서 이런 태도를 맹렬하게 비난합니다.[10] 고통에 빠진 자를 돕기 위해 아무도 손가락 하나 까딱하지 않고 말 한마디도 하지 않는 상황에서 "아, 부끄러운 일이다"라고 말하는 것은 오만함의 극치입니다. 그러므로 우리는 먼저 고통을 당하는 자들에게 친절하고 그들을 동정적으로 대하며, 이어서 하나님이 제공하시는 기회를 부지런히 사용하는 법을 배워야 합니다.

긍휼히 여김에 따르는 복

이 구절(마 5:7)에는 뒤따르는 약속이 있는데, 우리가 악명 높을 정도로 행동하는 데 느리기 때문입니다. 여기서 하나님 의 아드님이 하신 말씀이 우리의 자연적 성향을 거스르는 것 도 분명한 사실입니다. 우리는 그런 말씀에 쉽게 동의하지 않 습니다. 그러므로 약속은 하나의 진입점 역할을 합니다. 만약 본문이 단순히 **긍휼히 여기는 자는 복이 있다**고만 했다면, 우 리는 이를 즉각 거부했을 것입니다. 그러나 그리스도께서 우 리 모두 하늘 아버지와 동료 인간들에게서 오는 긍휼이 필요 한 상태에 있으며, 또한 오직 우리 자신이 긍휼을 베풀 때만 그것을 얻을 수 있다고 말씀하실 때, 이 말씀은 특히 우리 자 신을 더욱 면밀하게 살피도록 자극합니다. 여기서 들은 말씀 의 진리를 음미하기 시작할 때, 우리는 다른 이를 긍휼히 여 기는 일이 참으로 하나님의 자녀들이 누리는 복의 일부라고 결론 내릴 수밖에 없습니다. 우리 모두에게 긍휼이 필요하다 는 점은 명백한 사실입니다.

세상에서 바랄 수 있는 모든 것을 가진 사람을 예로 들어 봅시다. 그럼에도 그의 삶에는 많은 실망거리가 있을 것입니 다. 왕자들, 왕들, 강력한 군주들조차 이런저런 때에 무서운 시련을 견뎌야 합니다. 시련은 때로 육체적 고통일 수도 있 고, 때로는 마음의 고통일 수 있습니다. 설령 그들 스스로 구름 위 높은 곳에 안전한 둥지를 세우고자 할지라도, 하나님은 그들이 결국에는 죽을 수밖에 없는 인간에 불과함을 보여 주십니다. 그들은 자신을 단지 인간으로, 즉 부서지기 쉬운 피조물로 볼 수밖에 없습니다. 그러니 스스로 이미 일종의 낙원을 가진 강력한 자들에게조차 긍휼이 필요하다면, 우리 같은 사람에게는 얼마나 더하겠습니까?

이런 점들을 신중하게 생각한다면, 우리 이웃이 궁핍이나 고통을 당하는 모습을 볼 때마다 우리는 그들에게 연민을 보일 것입니다. 물론 세상 자체가 다른 이들을 동정하는 사람들에게 아무런 동정심도 보이지 않는다는 반대 의견이 제기될 수도 있겠습니다. 그러나 첫째, 이 점에 주목하십시오. 우리는 하나님이 당신의 손에 인간의 마음을 쥐고 계신다는 것을 압니다. 그분은 그들을 자신이 원하시는 방향으로 돌려놓으십니다. 비록 사람들이 악과 교만 그리고 장난기와 악의로 가득 차 있다고 할지라도, 하나님께서는 그들에게 인간성이라는 짐을 지우셨습니다.[11] 세상이 곤궁한 이들에게 행하는 자비의 사역에 대한 존경심이 부족할지라도 ─ 실제로는 그것들을 경멸할지라도 ─ 하나님께서는 그럼에도 모든 것을 무효로 하지는 않으시며, 따라서 우리가 고통을 당할 때 우리가 행한 일에 대한 보상, 즉 긍휼히 여기는 자에게 제공되는 긍휼을 거부하지 않으실 것입니다.

나중에 살펴보겠지만, 바로 이것이 우리 주 예수 그리스도

께서 훗날 우리가 스스로 베푼 대로 모두 받게 되리라고 말씀
하시면서[12] 가르치시는 내용입니다. 야고보 역시 긍휼을 보이
는 데 실패한 사람은 긍휼 없이 심판을 받으리라고 옳게 선언
합니다.[13]

　이제 두 번째 요점을 살펴봅시다. 하나님이 사람들 사이에
그런 무도함이 만연하도록 허락하셔서 가련한 이를 돕고자
하는 모든 노력이 낭비된 것처럼 보인다고 가정해 봅시다. 그
다음에는 어찌 되겠습니까? 언젠가 우리는 위대한 심판관 앞
으로 나아가야 합니다. 그분의 긍휼만이 우리의 유일한 소망
입니다. 세상이 잔인함으로 가득 차 있고 우리의 선행이 시간
낭비에 불과하다고 가정해 봅시다. 그때도 우리는 하나님의
긍휼이 덜 필요하지 않을 것입니다. 야고보 사도의 말 가운데
긍휼 없는 심판보다 더 두렵고 무서운 말은 달리 없습니다.
만약 하나님의 심판대 앞에 서서 엄격한 심판을 받아야 한다
면 우리는 어찌 되겠습니까? 차라리 유산되었거나, 벼룩이나
개구리처럼 가장 낮은 생명체 형태로 세상에 왔더라면 훨씬
더 나을 것입니다!

　우리의 안녕과 구원은 전적으로 하나님의 긍휼에 달려 있
습니다. 그렇다면 이웃에게 동정심을 보였던 우리는 훗날 그
분 앞에 고통의 짐을 내려놓을 때 연민과 동정에 대한 그분의
약속으로 기뻐해야 하지 않겠습니까? 그 약속 덕분에 하나님
은, 우리의 끔찍한 죄 때문에 우리를 내치시는 게 마땅한데도

우리를 환영하시고 우리에게 긍휼을 베푸시지 않겠습니까? 이런 약속이 있는 상황에서 우리가 긍휼에 대한 주장을 무시한다면, 미쳐서 정신이 나간 것 아니겠습니까? 바로 이것이 여기서 기억해야 할 내용입니다. 더 나아가 하나님은 성자께서 우리에게 확인해 주시는 것을 적어도 부분적으로라도 맛보게 해 주십니다. 요한복음 18장에서 읽듯이,[14] 성자께서는 성부의 뜻을 선포하기 위해 성부로부터 오신 참된 증인이시기 때문입니다.

우리는 우리가 다른 이들을 긍휼히 여길 때 우리 자신이 사람들에게서도 긍휼히 여김을 받으리라는 점을 압니다. 그들이 아무리 악하고 배은망덕할지라도, 하나님은 그들을 심하게 압박하셔서 우리가 곤경에 처할 때 그들이 우리를 돕게 하실 것입니다. 비록 하나님을 섬기고 박애를 실천한다는 생각이 그들의 마음과 거리가 멀지라도 말입니다. 이 상황은 이집트인들의 경우처럼 그들에게도 적용될 것입니다. 이집트인들은 하나님 백성의 적이었음에도 그 백성에게 자신들이 가졌던 가장 소중한 것들을 내어 줄 수밖에 없었습니다.[15]

어쨌거나 우리에게는 생각해 보아야 할 좀 더 차원 높은 문제들이 있습니다. 궁극적으로 언젠가 우리는 자신이 어떻게 살아왔는지를 설명해야 합니다. 만약 우리가 다른 이들에게 긍휼을 베풀었다면, 그때 하나님이 우리를 긍휼히 여기신다는 점을 알게 될 것입니다. 더 나아가 긍휼은 단지 제가 지

금껏 묘사했던 이들 — 갈급한 자, 굶주리는 자, 병든 자, 상처받은
자, 그리고 핍박받는 자 등 — 을 향한 연민만으로 이루어지지 않
습니다. 긍휼은 또한 다른 이들에게 버림받아도 마땅할 이들
의 연약함을 견디라고 요구합니다. 물론 다른 곳에서처럼 여
기서도 우리는 성경에서 발견하는 균형에 주목해야 합니다.
잘못을 저지른 이들에게 긍휼을 보일 때, 입에 발린 말로 그
들이 제멋대로 하도록 내버려 두거나, 그들의 잘못된 행위를
무시하여 상황이 더 나빠지게 해서는 안 됩니다. 우리는 우리
이웃이 여전히 여러 약점들에 굴복하고 있는 모습을 볼 때 그
들에게 동정심을 보여야 합니다. 또 우리는 그들을 모방하기
위해서가 아니라 그들의 잘못을 친절하게 꾸짖기 위해서 인
내해야 합니다. 우리는 많은 이들이 다른 사람의 불운을 히죽
거리며 비웃는 것처럼 해서는 안 됩니다. 오히려 슬퍼하면서
"저 가련한 이가 하나님께 고통을 드렸으니 얼마나 슬픈 일인
가"라고 말해야 합니다. 우리는 그리스도의 값진 피로 그토록
귀하게 구속된 어떤 이가 멸망해 가는 모습을 보는 일 때문에
괴로워해야 합니다.[16] 하나님의 의가 범해지고 그분의 영광이
감소하는 일 역시 우리가 괴로워 해야 합니다.

　제 말을 믿으십시오. 그런 일들이 우리의 연민을 일깨워야
합니다. 바로 이것이 우리가 하나님 눈에서 긍휼을 발견하는
방법입니다. 이는 연약함 때문에 길을 잃거나 넘어진 이들에
게 연민을 나타냄으로써, 그들을 인내하고 그들이 다시 일어

서도록 도와줌으로써 가능합니다. 바울은 우리에게 두 가지 일 모두를 하라고 권합니다. 먼저 우리는 타락한 자가 제멋대로 하도록 내버려 두지 않기 위해 조심하면서 편견 없이 긍휼을 베풀어야 합니다. 역으로, 우리가 그들을 지원하지 못할 정도로 지나치게 거칠고 엄격해져서는 안 됩니다. 그분은 길을 잃은 이들을 꾸짖되 온유한 영을 갖고서 하라고 우리에게 말씀하십니다. 그분은 우리 역시 죄를 지을 수 있음을, 만약 우리가 우리 자신의 연약함을 이해한다면 우리와 같은 죄인인 자들에게 연민을 가져야 함을 상기하라고 말씀하십니다.[17] 이렇게 하여 우리는 모든 때와 장소에서 다른 이들에게 어떻게 친절을 베풀어야 하는지 알게 됩니다. 우리는 잘못한 자들에게 동정심을 보이고, 곤경에 처한 자들을 돕고, 부당하게 핍박당하는 자들을 지원하고 그 결과로 사악한 자들이 우리를 향해 분노하며 일어서게 될지라도, 대의를 옹호하면서 그렇게 해야 합니다.

이와 관련해, 누가가 사용하는 표현에 주목합시다. 그는 **너희 가난한 자는 복이 있다**라고 말합니다. 이 가르침을 이해하고 참되다고 선언하는 일만으로는 충분하지 않음을 보이기 위함입니다. 또한 우리 각자가 이를 개인적으로 적용해야 합니다. 우리는 그저 **⋯하는 자는 복이 있나니, ⋯하는 자는 복이 있나니**라는 말만 기억하면서 그 말이 우리 눈앞을 지나가거나 귀에 메아리치게 해서는 안 됩니다. 우리 주 예수 그리스도께서는 이 모든 것이 우리를 위한 지침이 되기를 바라십니다.

무엇보다도 우리는 모든 시련 앞에서 온유하며 인내하는 법을 배워야 합니다. 다음으로 주리고, 목마르며, 아무런 잘못도 없이 부당하게 핍박받을 때조차 온유한 상태로 남아 있는 법을 배워야 합니다. 마지막으로 고통당하는 자들에게 동정심을 보이고 진지하게 감화되어 능력과 기회가 허락하는 대로 그들을 돕는 법을 배워야 합니다. 이 모든 일을 행하면서 우리는 누가가 덧붙이는 **지금**이라는 단어를 잊지 말아야 합니다(우리말 성경에는 표현되어 있지 않으나, 누가복음 6:21a의 영어 역본에는 Blessed are you who hunger *now*, for you will be filled라고 되어 있다 – 옮긴이). 이는 비록 하나님이 우리가 이 덧없는 삶에서 그분의 아드님이 주시는 가르침이 진실함을 경험하게 허락하실지라도, 그 즐거운 성취는 마지막 날까지 유예되어 있음을 의미합니다. 그러므로 지금―즉, 이 세속적인 삶의 혼란스러움 한가운데서―고통당하는 이들에게 연민을 보이는 법을 배웁시다. 또한 우리 스스로 고난당하는 법을 배웁시다. 그래서 설령 우리가 어려움이나 고통을 겪을지라도, 또한 아무리 많은 잔인한 일이나 야만적인 일들이 닥치더라도 끝까지 부드럽고 친절하게 남아 있도록 합시다.

마지막에 우리는 이런 말씀을 하신 분이 모든 권능을 갖고 계신다는 점을 확실히 알게 됩니다. 훗날 그분이 지금 우리가 갈망하는 하늘과의 연합으로 우리를 받아들이실 때, 우리는 실제로 모든 통치권이 그분에게 주어졌으며 우리가 이 구절에서 읽은 모든 일을 그분이 성취하시리라는 점을 알게 됩니다.

짧게 교회 소식을 한 가지 전해 드리겠습니다. 시의회 의원들은 우리의 형제 N ─ 그는 최근에 쥐시(Jussy)에서 목사로 사역했습니다 ─ 을 이 도시로 모셔 오는 데 합의했습니다. 그는 다음 주일에 올 것입니다. 모든 교우들은 자기 의사를 표명할 권리가 있으므로, 그와 관련해 어떤 반대 의견을 갖고 계신 분은 누구라도 오늘과 주일 사이에[18] 의원들에게 의견을 표명해 주시기 바랍니다.

이제 좋으신 하나님의 위엄 앞에 부복해 우리 죄를
시인합시다. 우리가 우리 잘못을 인정하고 미워할 수
있도록 그분께서 우리에게 은혜 주시기를 간청합시다.
우리가 새롭게 되어 우리의 모든 정욕을 극복하고 육체의
모든 욕망을 짓밟을 수 있게 해 주시기를 바랍시다. 선하신
주님이 알려 주신 규칙을 따르는 일을 우리 목표로 삼고
그분이 우리에게 신실하시고 우리에게 하셨던 약속을
지켜 주시리라는 기대 속에서 그분에게 우리 자신을 바칠
수 있기를 바랍시다. 또한 그런 기대가 우리 삶의 과정이
끝날 때까지 우리를 지탱해 주시기를 바랍시다. 그러므로
이제 이렇게 기도합시다. 전능하신 하나님 하늘에 계신
아버지시여….

해설

| 세 번째 설교: 온유함과 긍휼 |

복음서들의 조화에 관한 63번째 설교

Badius, pp. 1130-1149; *CO* 46.783-798.

다른 어떤 설교에서도 이론과 실천, 주장과 실행 사이의 대조가 이보다 더 날카롭게 이루어지지는 않는다. 어떤 설교도 기독교적 사회 윤리를 이보다 더 포괄적으로 표현하지 않는다. 칼빈은 하나님 형상을 지닌 모든 이들 사이에 존재해야하는 상호 존중과 연대의 상실을 한탄한다. 우리가 관용과 박애라는 이상을 아무리 과시할지라도, 결국 우리는 무정부적인 자기애에 의해 지배된다. 그러므로 타락한 세상은 온유함과 긍휼을 위해서는 별 소용이 없다. 우리의 경험과 상식은 모두 승리가 무자비하고 야심으로 가득 찬 자들에게 돌아간다고 암시한다. 여기서 설교자는 청중에게 환상에 찬 승리는 조만간 재로 돌아갈 것이라고 확신시킨다.

압제자에게 응보가 이루어지리라는 이 종교개혁자의 믿음을 설명해 주는 것은 유토피아니즘이 아닌 하나님의 공의라는 특성이다. 반면에 핍박받는 사람들, 즉 "의를 위해" ─ 이 한

정어가 중요하다 — 고난당하는 이들이 있다. 처음 두 가지 지복에 대한 설명에서와 달리, 여기서 칼빈은 의로운 이들에게 찾아온 잘못된 일, 받을 만하지 않은 불행, 무고한 이들에게 닥친 어려움인 고난에 초점을 맞춘다. 무고한 이들이란 부당하게 공격당할 때 복수하지 않고 세상의 적의를 견디는 온유한 사람들인데, 이들이 그렇게 하는 이유는 그런 일에서 악을 보지 못해서가 아니라 그리스도 — 늑대가 아니라 양떼의 목자이신 그리스도 — 에게서 배운 모범이 인내이기 때문이다. 무고한 이들은 또한 의롭고 가치 있는 목적을 옹호하기 위해 상실을 겪는 굶주리고 목마른 사람들이다. 그들은 의를 위해서 굶주리고 목말라할 수 있다. 그러나 이는 칼빈이 이 본문을 해석하는 방식이 아니다. 굶주림과 목마름은 그들이 저지르는 모든 형태의 불의를 외면하지 못한 데 대한 벌이다. 그들은 자기들이 받는 고난을 통해 모든 사람이 지금도 그것에 의해 심판받는 공정이라는 기준이 존재한다는 점을 예증한다. 마지막으로 그 무고한 이들은 긍휼이 많은 사람들이며 자선이라고 부르는 냉담한 감정과 훌륭한 사업으로 통하는 경제적 착취에 맞서 깊은 연민으로 도전하는 자들이다. 자비롭게 된다는 말은 마음으로부터 솟아오르는 값비싼 이타주의를 실천하는 것을 의미한다. 설교자가 분명하게 인정하듯이 이타주의는 또한 헛된 노력을 나타낼 수 있다. 감사는 늘 공급이 부족한 상품이기 때문이다. 그럼에도 신자들은 낙심하지 않는다.

필요가 그들을 강제한다. 공동의 창조 덕분에 그들은 동료들과 하나로 묶여 있다. 또한 낯선 구속 덕분에 그들은 모두에게 값없이 제공된 긍휼을 얻었다. 그러므로 자비로워지라는 명령은 신학적으로 이중의 근거, 만약 칼빈의 결론에 귀를 기울인다면 삼중의 근거를 지닌 셈인데, 그의 결론은 창조에서 구속으로 그리고 구속에서 최후 심판으로 이동한다. 온유한 자, 굶주리는 자, 목마른 자, 긍휼을 베푸는 자가 복을 받는다면, 그것은 그리스도의 사랑의 법칙에 따라 살고 하늘에서 이루어질 완성을 기다리는 긍휼에 빚진 자들에게 자비로운 심판이 주어질 것이기 때문이다.

주

1 **다른 누군가의 저녁거리.** 두 개의 속담 각각은 그리스도의 가르
침과 상반되는 "상식적인" 관점을 반영한다. 둘 다 마태복음 5:5
에 관한 주석에서 거의 같은 형태로 나타난다. "토끼와 함께 달
리고 사냥개와 함께 사냥하다"(불어: "늑대와 함께 부르짖다")는 칼
빈이 순응의 위험을 경고하고자 할 때 자주 사용하는 표현이다.
이를테면 창세기 6:9에 관한 주석(*CO* 23. 120); 예레미야 17:11-
14에 관한 설교(*SC* 6, p. 141); 미가 7:4-7에 관한 설교(*SC* 5, p.
220); 갈라디아서 6:2-5에 관한 설교(*CO* 51. 75); 디모데전서
6:13-16에 관한 설교(*CO* 53. 616)를 보라.

2 **예언자 자신이 선언하듯이.** 이사야 57:20.

3 **내가 무엇을 할 수 있을까?** 신명기 28:65-67(의역).

4 **시편 37편이 노래하듯이.** 시편 37:9-11.

5 **선으로 악을 이기다.** 이 인용문은 바울의 로마서 12:21에서 가
져왔다. 칼빈은 산상수훈의 다른 곳, 즉 마태복음 5:38-48에 등
장하는 예수의 가르침을 생각한 것일지도 모른다.

6 **소생하고 회복되다.** 아마도 로마서 8:21-23과 베드로전서 1:5
같은 구절들을 언급한 것이다. 칼빈은 "땅"에 대한 약속을 지나
치게 문자적이거나 직접적인 의미로 해석하는 것을 꺼린다. 참
고로, 루터(Luther)에게 그 약속은 지금 이곳에서 땅, 집, 가족,
그리고 소유를 즐기는 것을 통해 실현될 수도 있다(*Sermon on the
Mount*, LW 21, p. 22). 크리소스토무스는 현재적("감각적") 실현

과 미래적("영적") 실현 모두를 말한다(*Homily XV on St. Matthew*, *NPNF* 10, pp. 93-94). 르페브르와 그의 동료들에게는 전적으로 미래의 것, "저 높은 낙원에 있는 거룩한 성"(*Epistres* 66B, p. 374)이다.

7 **의미를 끌어내다.** 칼빈은 아마도 아우구스티누스의 다음과 같은 주석을 생각하고 있을 것이다. "그는 그들을 참되고 파괴할 수 없는 선을 사랑하는 자들이라고 부른다"(*Our Lord's Sermon on the Mount*, *NPNF* 6, p. 23). 히에로니무스는 이와 유사하게 해석한다. "우리가 의에 주리지 않는다면, 의를 바라는 것만으로는 충분하지 않다. 이것은 우리는 결코 충분히 의롭지 않으나 우리가 늘 의의 일에 주려야 한다고 가르치는 은유다"(마 5:6에 관한 주석, *S. Chr.* 242, pp. 106-107). 힐라리오(Hilary) 참조: "하나님의 가르침에 대한 성도의 주림은 하늘에서의 완전한 만족이라는 선물로 관을 쓰게 될 것이다"(*On Matthew* 4:5, *S. Chr.* 254, pp. 124-125).

8 **그들이 배부를 것이다.** 여기에는 두 가지 주제가 얽혀 있다. 하나는 선을 행하려는 그리스도인의 동기이고, 다른 하나는 박해받는 신자들의 권리다. 첫째로, 설교자는 그리스도인들이 다른 이들을 해치는 일을 하지 않는 것은 다른 이들에게 승인을 얻거나 스스로 얼마간의 도덕적 혹은 물질적 이득을 얻기 위해서가 아니라고 확언한다. 그들의 행위는 사람들을 속이기 위해 계산된 결과가 아니다. 그들은 바라는 바를 얻기 위해 비밀스럽거나 불법한 수단을 쓰지 않는다. 그들이 선을 구하는 것은 하나님이

선하시기 때문이다. 둘째로, 선을 행할 의무는 신자들에게 평등한 대우와 박해로부터의 자유에 대한 권리를 포기하라고 요구하지 않는다. 그들이 무고하다면, 그 무고함은 인정되고 보호받아야 한다. 부당한 박해가 참으로 그리스도인의 운명이 될 수도 있다. 그러나 칼빈이 보기에 이는 결코 순순히 받아들일 만한 것이 아니다. 그것은 변칙적인 것으로, 개탄하고, 비난하고, 가능하다면 수정되어야 하는 추문으로 남아 있다.

9 **바울이 우리에게 권고하는 대로.** 로마서 12:15.

10 **그의 서신 2장.** 행위 없는 신앙의 문제에 대한 언급을 말한다. 야고보서 2:14-17.

11 **인간성이라는 짐.** 칼빈은 계속해서 하나님을 타락한 세상에 관대하신 분으로 묘사한다. 하나님의 연민은 공통 혹은 일반 은총의 작용을 통해 사악함이 억제되며, 인간이 그들 가운데서 어느 정도의 자비심, 시민적 책임, 심지어 덕을 행하게 하실 정도다. 비록 갱생하지 않은 죄인이라는 신분 때문에 거짓되었다고 할지라도 말이다. *Inst.* 2.2.17; 2.3.3 참조.

12 **우리가 베푼 대로.** 마태복음 7:2. *Harm. Matt.* 7:1 참조. "율법과 하나님의 말씀으로 판단하며, 박애라는 법칙으로 판단 방향을 정하는 이들은 누구나 그런 견책을 자기 자신으로부터 시작하는데, 이것은 판단을 내릴 때 적절한 한계와 질서를 유지한다. … 다른 이들의 죄를 털어 내기에 바쁜 엄격한 비평가들에게 벌이 선언된다. 그들은 더는 다른 이들에 의해 인간적으로 다뤄지지 않고, 그들이 다른 이들에게 행사했던 것과 같은 엄

격함을 느낄 것이다."

13 **긍휼 없이 심판을 받으리라.** 야고보서 2:13.

14 **요한복음 18장.** 기억의 잘못이었을까, 아니면 필사 오류였을까? 실제로는 요한복음 1:18이다.

15 **자신들이 가졌던 소중한 것들.** 출애굽기 12:36.

16 **그리스도의 값진 피.** 이 설교에서 칼빈은 때때로, 여기서처럼 순진한 관찰자 관점을 취한다. 제네바는 공개적으로 기독교 사회였기에, 그 구성원들은 넓게 말하자면, 그리스도 안에서 하나님 은혜의 사역에 대해 동등한 권리를 가진 형제들로 간주될 수 있다. 그러므로 적대감의 표현은 결과적으로 모두가 갖고 있다고 고백했던 신앙을 효과적으로 부정하는 일이 되었다. 유사한 상황이 네 번째 설교에서도 나타난다.

17 **우리와 같은 죄인인 자들.** 고린도후서 2:7-8과 갈라디아서 6:1 그리고 디모데전서 5:20-21 같은 몇 가지 바울의 구절들을 혼합해서 만든 표현처럼 보인다.

18 **오늘과 주일 사이에.** 제네바와 부속 영토들에서의 목회 활동은 목사회(Company of Pastors)에 의해 제안되고 소위원회(Small Council, 본질적으로 시 정부) 승인을 받아야 했다. 1541년도 교회헌법(Ecclesiastical Ordinances)은 목사들이 새로운 직책에 임명될 때 회중에게 동의를 얻도록 했다. 하지만 이 제도는 1560년 2월에 200인 위원회(Council of Two Hundred)의 결의로 재시행될 때까지 중단되었다(*OS* II, pp. 330-331; *CO* 10.17-18, 94). 그러므로 모든 교우들의 권리에 대한 종교개혁자 칼빈의 언급

은 이에 기초한 것이다. 여기서 도착한다고 공표된 목사는 피에르 대르보두즈(Pierre d'Airebaudouze)로, 그는 프랑스 랑그도크 지역 출신 귀족 가문의 후손이었다. 1555년부터 쥐시라는 외딴 교구 목사 노릇을 했던 그의 제네바 이주는 1560년 10월 4일에 칼빈에 의해 제안되었다. 11월 11일에 그는 도시에 거주지를 마련했다(*CO* 21.736, 738). Robert M. Kingdon and Jean−François Bergier (eds.), *Registres de la Compangnie des pateurs de Genève au temps de Calvin* (Geneva: Droz, 1962−1964) II, pp. 64, 93−94, 그리고 E. and E Haag, *La France protestante*, 2nd ed. (Paris: Sandoz & Fishbacher, 1877−1888) I, pp. 19−20을 보라.

4
평화의 대가

마음이 청결한 자는 복이 있나니
그들이 하나님을 볼 것임이요
화평하게 하는 자는 복이 있나니
그들이 하나님의 아들이라 일컬음을 받을 것임이요
의를 위하여 박해를 받은 자는 복이 있나니
천국이 그들의 것임이라

(마 5:8-10)

인자로 말미암아 사람들이 너희를 미워하며 멀리하고 욕하고
너희 이름을 악하다 하여 버릴 때에는 너희에게 복이 있도다
그 날에 기뻐하고 뛰놀라 하늘에서 너희 상이 큼이라
그들의 조상들이 선지자들에게 이와 같이 하였느니라

(눅 6:22-23)

마음의 청결함

마음의 청결함과 완전한 정직성이 사람이 가질 수 있는 최고의 자질이라는 데는 누구나 쉽게 동의합니다. 이런 것들이 없다면 다른 모든 가치는 아무리 높이 존경받을지라도 하나님 보시기에는 별 의미가 없습니다. 우리는 모두 성실함을 칭송합니다. 그러나 슬픈 사실은 정작 우리가 그 교훈을 따르지 않는다는 점입니다. 관찰을 통해 우리는 교활함이나 얼마간의 사기성 없이 사람들 가운데서 살아가는 일이 불가능하다는 점을 알고 있습니다. 우리는 그런 문제를 피할 다른 방법은 없다고 믿습니다. 사악한 이들이 언제나 우리를 덫에 걸리게 하려고 준비하고 있기 때문입니다. 그러므로 우리 자신에게 우리 역시 그들이 하듯 해야 한다고 말합니다.

바로 이것이 우리가 모두 마음의 성실함과 투명함과 청결함에 찬성표를 던진 후에 곧바로 뒤로 물러서는 이유입니다.

우리는 목적을 이루기 위해 위선을 행하고 기술과 속임수를 사용합니다. 그러므로 우리 주 예수 그리스도께서 **마음이 청결한 자는 복이 있다**라고 말씀하시는 것은 언뜻 보기에 통속적인 견해를 표현하고 계신 것처럼 보입니다. 그러나 인간이 보통 어떻게 행동하는지, 인간이 잔꾀와 구부러지고 비뚤어진 방식을 얼마나 즐기는지를 생각해 보면, 우리는 그리스도께서 제자들에게 정직함과 성실함의 중요성을 상기하시는 것이 옳았다고 인정할 수밖에 없습니다.

이어서 그분은 **그들이 하나님을 볼 것이다**라고 덧붙이십니다. 그분이 이런 식으로 말씀하시는 것은, 자기 이익을 옹호하는 데 익숙하고 필요하다면 다른 이들을 속일 준비가 되어 있는 똑똑하지만 비뚤어진 사람들이 있기 때문입니다. 그들은 사소한 점도 놓치지 않습니다. 그들은 이리저리 달리면서 이 일 저 일에 뛰어듭니다. 그들과 무언가 상관할 일이 있을 때, 우리는 그들이 무언가를 주장하는 일에 아주 설득력 있고 이를 행하는 데 숙련되어 있음을 발견하고 경계를 늦춥니다. 바로 이것이 그들이 사람들에게 마음이 청결한 자라는 인상을 주는 방식입니다.

그러나 먼저 이 점을 생각해 보십시오. 그들은 아주 은밀한 삶을 살기에 아무도 그들의 실제 모습이 어떠한지 알 수 없습니다. 그들은 너무나 기만적이어서 누군가가 그들을 제대로 판단하기란 불가능합니다. 속담이 말하듯이, 그들은 어부지리와 선악을 구별하기 쉽지 않은 일에 손대는 것을 좋아합니다. 세상은 이런 사람들을 현명하다고 여깁니다. 그들은 실제로 하나님 자녀들보다 훨씬 더 많이 압니다. 그러나 그들의 마음은 짙은 어둠으로 차 있습니다. 대조적으로, 신자들은 무엇을 해야 자신에게 가장 유리한지를 판단할 능력이 거의 없는 아주 단순한 마음을 가진 사람들로 간주됩니다. 그들은 속임수를 즐기지 않습니다. 또 자주 개인적 이득을 얻을 기회를 그냥 흘려보냅니다. 어째서입니까? 그들은 많은 이들이 희생자들을 하나씩 하나씩 사로잡기 위해 사용하는 사소한 속임수를 행하지 않기 때문입니다. 그들은 그런 일에 대해서는 의도적으로 눈을 감습니다. 그들은 다른 누군가의 손해를 통해 이득을 얻는 것을 바라지 않기 때문입니다.[1]

바로 이것이 우리 주님께서 대답의 방식을 통해, 세상이 우리의 무고함을 조롱하고 무고함 때문에 우리가 얻는 것보다 잃는 것이 많아 보인다면, 더 큰 보답 ─ 하나님을 보는 것 ─ 으로 기뻐해야 한다고 말씀하시는 이유입니다. 우리 눈은 세속적인 이득, 위로, 편리함, 쾌락, 특권이 어디에 있는지, 혹은 우리가 어떻게 그곳에 이를 수 있는지를 보여 줄 정도로 충분히 예리하지 않을 수 있습니다. 오히려 우리 눈을 다른 데로 고정할 때, 여기서 우리에게 약속되는 더욱 명확한 시력을 얻을 것입니다. 즉 우리의 모든 행복, 기쁨, 영광이 그 안에서 발견되는 분인 하나님 앞에서 기뻐할 것입니다.

사변에 빠지지 말라

물론 우리가 어떻게 하나님을 볼 수 있는지를 논하는 일은 한가로운 호기심에 대한 징표입니다. 하나님의 본질은 영적이기에 육체의 눈으로는 그분을 뵙지 못합니다. 엄밀히 말하자면, 우리는 영적 존재에게 시력이 있다고 여기지 않습니다. 그러나 먼저 우리는 몸을 갖고 있지 않은 천사들이 하나님의 위엄을 관상(contemplate)할 수 있다는 사실에 주목해야 합니다. 나중에 읽을 내용인데, 우리 주 예수 그리스도께서는 어린아이들에게는 그들을 섬기는 천사들이 있으며 그 천사들이 하늘에서 성부 하나님의 얼굴을 바라본다고 말씀하십니다.[2]

현재 우리가 하나님을 볼 수 없다는 것은 사실입니다. 요한이 자신의 첫 번째 서신에서 말하듯,[3] 우리가 하나님을 보려면 그분과 같아져야 할 것이기 때문입니다. 지금 우리는 그런 상태로부터 멀리 떨어져 있습니다. 여기서 본문이 말하는 하나님을 뵙는 기쁨은, 우리가 하나님의 영광에 부합하게 될 마지막 날까지는 우리 것이 될 수 없습니다.

그렇다면 우리 몸이 하나님의 무한한 위엄과 어느 정도 같아지는 일은 어떻게 가능할까요? 본질상 영적이기 때문일까요? 이런 문제를 너무 깊이 질문하는 것은 우리 한계를 넘어서는 일입니다. 그러므로 우리는 삶의 과정이 끝나면 하나님이 당신의 왕국 상황이 어찌 될지 우리에게 보여 주시리라고 믿으며 계속해서 살아가기로 합시다.

오늘날 많은 이들은 알고자 하는 어리석고 강박적인 소망을 품고서, 신자들이 낙원에서 어떤 종류의 영광을 얻게 될지, 그곳에서 서 있을지 앉아 있을지 혹은 이리저리 움직일지, 여전히 세상 피조물들을 즐길지, 즐긴다면 어느 정도까지 무슨 목적으로 그렇게 할지 묻습니다. 요약하자면, 그들은 쓸모없는 사변에 빠져 낙원에서 무슨 일이 일어날지 알고자 하면서 속속들이 살피려 합니다. 그런데 정작 그들은 낙원에 가까이 가려는 갈망은 갖고 있지 않습니다! 다른 한편, 우리는 이미 길 위에 있습니다. 그러므로 이 세상에서 살아가는 한 계속 그리고 항상 전진합시다. 그러면 우리가 유업을 얻을 때 천국이 어떠한지 알게 될 것입니다.

어떤 이가 30마일 떨어진 곳에 있는 집을 사고자 하면서 자리에 죽치고 앉아 이렇게 말한다고 생각해 봅시다. "나는 그 집이 무엇으로 만들어졌는지, 얼마나 넓은지, 어떤 방향에 있는지 알고 싶어."

그런데 정작 그가 그 모든 바람에도 불구하고 집을 방문하기를 거부한다면 얼마나 우스운 일이겠습니까! 그러므로 우리가 하나님을 순전하게 예배하고, 그분께 확신을 두고, 모든 필요한 순간에 그분 이름을 부르기 위해서는 무엇보다도 하나님을 아는 지식에서 더 굳건하게 성장하는 법을 배워야 합니다. 이런 일에서 훈련을 받아 유익을 얻을 때, 우리는 마침내 축복과 기쁨에 대한 하나님의 약속이 정말로 무엇을 의미하며 어느 정도로 확장되는지 이해하게 됩니다. 물론 현재 하나님이 일하시는 방식은 우리에게 알려져 있지 않습니다. 성경은 인간의 마음은 하나님이 우리를 위해 무엇을 예비하셨는지 이해할 수 없다고 선언합니다.[4]

그러는 동안에는 주 예수 그리스도께서 제자들에게 교활한 일을 행하는 것과 허용되는 것 이상으로 빛을 구하는 일을 금하신다는 점을 아는 것으로 충분합니다. 그런 수단을 통해 우리는 자신들을 실제보다 현명하게 보이게 하면서 어떤 이들을 기만하고 다른 이들을 속입니다. 어쩌면 우리는 성실하게 행하기에 세상이 성공으로 여기는 방식으로 성공하지 못할지도 모릅니다. 우리는 이익을 얻을 많은 기회를 그냥 흘려보낼 수 있습니다. 우리의 행동으로 하나님을 화나게 할 위험이 있다면 기꺼이 손실을 감내합니다. 우리는 평화로운 영혼을 지닌 사람들이고 어부지리를 위한 지혜나 기술을 갖고 있지 않기에 세상살이에서 손해를 볼 수밖에 없습니다. 하지만 우리는 비록 세상이 정죄할지라도 우리를 완전히 만족시키는 보상이 있음을 압니다. 언젠가 우리는 하나님을 누릴 것입니다. 성경에서 "보다"라는 말은 "누리다"를 의미하기 때문입니다. 성경이 **너희는 죽음을 보지 않을 것이다**, 혹은 **너희는 천국을 보지 못할 것이다**라고 말씀할 때, 이는 "너희가 그것을 소유하지 못할 것이다"라는 말씀과 같은 뜻입니다.

여기서 우리 주 예수 그리스도께서는 사실상 우리에게, 만약 어떤 것도 비뚤어진 방식으로 얻지 않고, 악에 가까이 가지 않으며, 파괴적인 계획을 추구하거나 자신을 위해 최대 유익을 구하지 않는다면, 하나님이 우리 유업이 되실 것이라고 말씀하십니다. 또한 그럴 경우 우리 자신이 한 일을 후회할 이유가 없으리라고 말씀하십니다. 어째서 그렇습니까? 하나님 자신이 우리 것이라고, 또한 당신 자신이 우리 유업이 되고 우리를 당신 것으로 삼기를 바란다고 선언하신다는 사실 자체에 이미 충분한 보상이 있지 않습니까? 그렇지 않다면 참된 행복과 축복이 어디에 있겠습니까? 그래서 그리스도께서는 성경의 일반적인 용법을 따라 시력이라는 은유를 적용하십니다.

오늘 본문에 그분은 청결한 마음에 관해 말씀하십니다. 우리 마음이 악으로부터 깨끗하면 할수록, 그만큼 더 정직하고 바르며, 그로 인해 악한 일에 덜 기울어집니다. 이와 대조적으로, 어둠에 둘러싸이고 그로 인해 눈먼 자들은 악한 일에 훨씬 더 눈이 밝습니다. 눈이 밝다고요? 그렇습니다, 그들은 곁눈질하며 우리와 다르게 봅니다. 마치 다른 이들 눈에 띄지 않기 위해 구멍을 통해 엿보는 사람들처럼 말입니다. 그러므로 여기서 우리 주님은 이 은유를 사용하시면서, 사람들이 자연스럽게 탐하는 것을 "보지" 않는다면 하나님이 정말로 우리에게 자신을 드러내시고, 우리가 그분을 붙들 때 휴식을 주실 것이라고 가르치십니다.

화평케 함의 참된 의미

우리 주님은 다음으로 이렇게 덧붙이십니다. **화평하게 하는 자는 복이 있다.** 그동안 "화평하게 하는 자"(peace-maker)라는 표현은 일반적으로 오해되어 왔습니다. 이 표현은 흔히 "화평한"(peaceful) 사람으로 해석되었는데, 사실은 그보다 훨씬 더 강한 의미가 내포되어 있습니다. 어떤 이는 사실상 화평하게 하는 자가 아니면서, 즉 다른 이들과의 화평을 추구하지 않으면서 "화평할" 수 있습니다. 이 단어는 "화평"(peace)과 "만들다"(make)가 합쳐져 만들어진 합성어입니다.[5] 모호함을 피하고자 본문의 자연스러운 의미를 붙들어야 하는데, 그 의미란 우리가 어디에 있든 평화를 구축해야 한다는 것입니다. 이는 평화를 일구는 일이 먼저 우리 자신으로부터 시작해야 함을 의미합니다. 만약 우리가 본보기를 통해 이끌지 않는다면, 우리 중 누가 문제와 분쟁이 벌어질 때 이를 가라앉히고 평화를 만들 수 있겠습니까?[6]

모든 사람과 다투며, 행하는 모든 일에서 무모하고 조바심을 내는 사람을 상상해 보십시오. 그런데 그가 어떤 소란에 관한 소식을 듣고는 방향을 돌려 상황을 진정시키려고 노력하면서 이렇게 말합니다. "그걸로 충분해요! 이제 화해합시다!" 혹은 그가 어떤 폭동과 마주쳤다고 상상해 봅시다. 그가 폭동에 개입해 이렇게 외칩니다. "자, 이제 이 모든 싸움을 멈추세요!" 한순간 화를 내고 폭풍과 분노에 휩싸였다가 다음 순간 자기 주변 사람들과 화해하려 노력할 때, 그런 이가 도대체 무슨 권위를 갖겠습니까? 평화를 만드는 자가 되려면 무엇보다도 스스로 평화로워져야 한다는 점을 이해하시기 바랍니다. 제가 말씀드리는 바의 의미가 정확하게 무엇이겠습니까? 온유함에 관해 앞서 말씀드렸던 점을 기억하시기 바랍니다. 온유함은 평화로움의 일부입니다. 만약 우리가 인내한다면, 설령 다른 이들과 조화를 이루며 평화롭게 살지 못한다고 할지라도 우리 잘못이 아닐 것입니다. 사람들이 서로 고통을 가하고 전쟁을 벌이고 고양이나 개처럼 싸우는 일이 인내하지 못하기 때문이 아니라면 도대체 무슨 까닭이겠습니까? 다른 이들로부터 받는 잘못된 대우를 묵묵히 인내할 수 있는 사람은 거의 없습니다.

우리는 자기 이익에 지나치게 몰두해 있기에 매사에 즉각적인 만족을 요구합니다. 만약 그것을 얻지 못한다면, 우리는 즉각 싸우려 듭니다. 서로에 대한 비난과 적대감이 나타나고, 다시 그것은 치명적인 증오와 아무도 용서하지 않고 죽이고 살해하려는 욕망으로 변합니다. 바로 이것이 성급함이 사람들을 함께 평화롭게 살지 못하도록 하는 방식입니다. 우리가 안달하고 초조해하는 이유도, 우리 각자가 자기 이웃에게 마귀가 되는 이유도 이 때문입니다. 그러므로 우리는 인내심을 기르고 자기 이익과 명성을 내려놓으면서 우리에게 저지른 잘못을 기꺼이 용서하는 법을 배워야 합니다. 제가 믿기로는, 이것이야말로 우리가 평화로워질 수 있는 유일한 방법입니다.

그밖의 것에 관해 말씀드리자면, 우리가 다른 이들을 대할 때 그들이 우리에게 상처 주거나 괴롭힐 이유를 제공하지 않는 것만으로는 충분하지 않습니다. 우리는 우리 가운데 평화를 유지하기 위해 할 수 있는 일은 무엇이든 해야 합니다. 이것이 우리가 해야 할 일입니다. 그로 인해 어떤 상실을 겪거나 우리 권리 중 일부를 넘기게 될지라도 말입니다. 우리에게 평화는 다른 무엇보다도 소중하며, 하나님은 결국 우리에게 이것을 명령하십니다.

문제를 일으키거나 다른 사람을 귀찮게 하지 않기 위해 조심할 뿐 아니라 모든 이들을 기쁘게 하려고 열심히 노력하는 어떤 사람을 상상해 보십시오. 그는 힘든 시간이 주어지든 그렇지 않든 개의치 않으면서 소란을 일으키기보다는 여러 잘못된 일들을 조용히 견디려 할 것입니다. 그렇더라도 여기서 우리는 우리 주님의 교훈을 따라야 합니다. 그리고 모든 곳에서 평화를 위해 노력해야 합니다. 다른 이들에게 폭력이나 잘못된 의지를 나타내거나 해를 입히는 일을 그치는 것만으로는 충분하지 않습니다. 어떤 이가 잘못된 일을 저지를 때, 우리는 그 일에 저항해야 합니다. 무고한 사람들이 고통당할 때, 우리는 할 수 있는 만큼 그들을 지원하면서 도움과 구제를 제공해야 합니다.

어떤 두 사람이 불화하고 있음을 알 때, 우리는 우리 주 예수 그리스도의 피로 구속되었으나 파멸의 위험에 처한 두 사람에게 동정심을 느껴야 합니다.[7] 우리는 불화의 왕자인 마귀에게 승리가 돌아가는 일을, 평화의 주인이신 하나님이 내쳐지는 것을 슬퍼해야 합니다. 이런 생각이 우리가 싸움을 끝내고 싶게 만들 것입니다. 바로 이것이, 이와는 반대로 사람들 가운데 불화와 분쟁을 낳는 모든 이들을 하나님이 저주하시는 이유입니다. 그들은 자기들이 낸 소문으로 이전에 친구였던 사람들이 서로 미워하도록 자극하는 선동꾼들과 같습니다. 그로 인해 서로 의심이 일어나면 그들이 슬그머니 들어와 불꽃에 부채질을 해 댑니다. 마치 어떤 이의 상처가 벌어져 있는데 누군가가 슬그머니 다가와 좋은 치료용 연고 대신 독을 문질러 상처를 전보다 훨씬 더 나빠지게 만드는 모습과 같습니다.

그러므로 우리가 사람들 사이에 적대감과 갈등을 조장할 경우, 우리 자신이 그리스도의 학교와 그분의 교회로부터 추방되었다고 확신해야 합니다. 역으로, 그분의 제자가 되기 위해 우리는 스스로 평화로워야 할 뿐 아니라, 적대감을 극복하고, 붙은 불을 끄고, 모든 종류의 분쟁을 피하고자 할 수 있는 모든 노력을 기울여야 합니다. 증오에 굴복할 준비가 되어 있는 사람들을 볼 때마다, 우리는 상황을 바로잡기 위해 서둘러 개입해야 합니다. 사탄이 승기를 잡을 때까지 기다려서는 안 됩니다. 우리가 먼저 움직여야 합니다. 간단히 말해, 바로 이것이 우리가 여기서 붙잡아야 하는 교훈입니다.

하나님의 자녀가 됨

우리 주님께서는 자신의 가르침에 대한 깊은 인상을 남기기 위해 화평케 하는 자들은 **하나님의 자녀라고 불릴 것**이라고 선언하십니다. 하나님이 우리를 자녀로 인식하고 인정하시는 일, 우리가 그분을 아버지라고 부르는 일보다 더 나은 것이 있을 수 있겠습니까? 그렇지 않을 때 우리 상황이 어떠할지 상상해 보십시오. 만약 하나님이 우리를 거부하신다면, 우리는 어떤 상태가 되겠습니까? 이 세상에서 원하는 모든 것을 갖고 있을지라도, 하나님이 우리를 대적하신다면 우리의 모든 것이 저주받고 망가지지 않겠습니까? 우리를 향한 하나님의 은혜와 아버지다운 사랑을 경험하지 못한다면, 우리는 어떤 참된 번영이나 축복도 맛보지 못할 것이기 때문입니다. 그러므로 하나님을 아버지로 아는 것과 우리 자신이 그분의 자녀라고 불리는 특권을 갖는 것이야말로 우리가 참으로 목표해야 하는 일입니다.

더 나아가, 여기서 예수 그리스도께서 상기해 주듯이 우리
가 평화를 만드는 자가 아니라면 이 축복을 얻을 수 없습니
다. 하나님은 평화의 하나님이라고 불려야 마땅하며,[8] 우리
는 그분과 같아져야 합니다. 그렇지 않으면 우리 입술로 무엇
을 고백하든 상관없이 그분께 속하지 않기 때문입니다. 하나
님이 우리 아버지이신지 아닌지를 가름하는 것은 과연 우리
가 그분께 순종하며 살기를 원하느냐에 달려 있습니다. 이는
힘이 닿는 한 우리 가운데 있는 모든 부조화를 종식하기 위해
우리가 노력해야 함을 의미합니다.

저는 우리가 종종 사악한 자들에 맞서 싸울 수밖에 없으리
라는 사실과, 바울이 우리에게 촉구하듯이[9] 열심히 평화를 추
구하면서도 숱한 충격과 폭우를 견뎌야 하리라는 사실을 부
인하지 않습니다. 그뿐 아니라 우리는 종종 문제와 소동을 일
으키는 자들이라는 비난을 받을 것입니다. 바로 이것이 우리
주님께서 우리가 박해받고 사람들이 우리를 비난하고 거부하
며 미워하고 교제로부터 쫓아내는 바로 그때에 우리에게 복
이 있다고 계속해서 말씀하시는 이유입니다. 만약 우리가 무
엇보다 복음을 위하여 고난을 받는다면,[10] 우리에게 복이 있
을 것입니다.

평화의 부재에 대해 우리에게 책임이 있는 것처럼 세상이
아무리 우리를 폭도요 문제아라고 부를지라도, 바로 이것이

하나님이 우리를 당신의 자녀로 시인하시는 방법입니다! 여기에는 균형을 맞춰야 할 두 가지 필요조건이 있습니다. 첫째, 싸움에 대한 욕구를 채우지 않기 위해 우리에게 행해지는 잘못들을 고요와 온화의 정신으로 끈기 있게 견디면서 평화로워야 합니다. 둘째, 싸움과 소동과 분쟁의 아비인 마귀에 맞서 싸우는 중이라고 해도 우리가 있는 모든 곳에서 평화를 만들어야 합니다. 우리 중 누가 그렇게 한 적이 있습니까? 무슨 일이 있더라도, 하나님의 진리보다 우리에게 더 소중한 것이 있어서는 안 됩니다.

의를 위해

그러므로 또한 의(義, righteousness)라는 대의를 위해, 즉 정의로운 일을 위해 싸웁시다. 무차별적 평화를 만드는 일로는 충분하지 않습니다. 평화의 기초는 하나님이 사람들 가운데서 다스리신다는 인식, 즉 하나님의 통치가 우리를 연합하게 하여 하나 되어 그분을 섬기게 하신다는 인식입니다. 자기들 멋대로 하기 위해 폭력과 공격을 사용하는 자들은 억제되어야 하고 무고한 자들이 가진 권리는 옹호되어야 합니다. 무차별적 평화는 다릅니다. 예컨대 오늘날 분쟁이 일어나면, 용감하게 평화를 만드는 자의 역할을 하는 사이비 똑똑이들은 먼저 누가 옳고 누가 그른지는 생각도 하지 않은 채 문제를 해결하고자 — 어떤 종류의 해결이든 상관없이 — 돌진합니다. 그들은 이렇게 말합니다. "자자, 반으로 나눕시다."

그런데 한편에는 자기 형제 몫을 따려는 도둑이 있고, 다른 한편에는 단지 자기 것을 지키고 자기 권리를 보호하려는 사람이 있다고 상상해 봅시다. 그리고 그들 사이에 어떤 평화를 만드는 자가 끼어든다고 생각해 봅시다. 그는 이렇게 외칩니다. "자자, 싸움을 멈추세요. 그리고 당신들 두 사람 모두 자기 몫을 취하세요!" 다른 사람들은 옳고 그름을 가를 수 없을 만큼 눈이 멀어 빈둥거리고 서 있는 동안 그 도둑이 무고한 희생자의 것을 빼앗도록 허용해야 하겠습니까? 바로 이것이 여기서 배워야 할 교훈입니다. 분쟁 해소만으로는 충분하지 않습니다. 언제나 정의가 최종 결정권을 가져야 하고 언제나 정의가 승리해야 합니다.

평화가 수립되기 위한 조건은 분명합니다. 그리스도께서 **의를 위하여 박해를 받아야 한다**는 말씀을 덧붙이시는 이유가 여기 있습니다. 이 말씀이 의미하는 바는, 첫째, 편파적 입장에서 누군가를 편들거나 배제하지 않고 모든 일이 공정하게 행해지도록 조심하면서 모든 사람의 권리를 옹호해야 한다는 것입니다. 오만한 야심과 폭력은 내려놓아야 하며, 조용히 자신의 것을 즐기고자 하는 모든 이들을 지원해야 합니다. 이것이 여기서 말해야 할 첫 번째 내용입니다.

하지만 정의가 사람들에게 주어진 권리라면 하나님의 정

의와 비교할 때, 모든 의의 척도인 그분의 진리와 비교할 때 그 정의는 무엇입니까? 무고하고 비천한 자들을 편드는 일로 인해 증오와 학대와 비난을 견뎌야 한다면, 우리는 그분의 진리에 맞서 신성을 모독하거나 우리 안녕과 구원이 달린 복음의 가르침을 어떤 방식으로든 부패케 하는 자들에 맞서면서 하나님을 증언하는 일에 더욱더 열심을 낼 필요가 있습니다. 바로 이것이 이 두 가지 ─ 의 또는 평등, 복음과 진리 ─ 가 결합되는 이유입니다. 우리 주님은 먼저 일반적인 언어로 의에 관해, 이어서 인자와 복음에 관해 말씀하십니다. 그분은 우리가 모든 이에게 정의롭게 행하기를 바라십니다. 그러나 무엇보다도 우리가 주님의 진리를 당신이 받으신 성부의 영광과 주님 나라와 함께 최우선 순위로 삼기를 바라십니다. 이 모든 것이 다른 무엇보다 앞서야 합니다.

　평화를 만드는 사람들인 우리는 늘 우리 자신을 사방으로부터 오는 공격 앞에 내어놓습니다. 특히 사람들은 우리가 자기들을 지지하면서 방어자와 옹호자로 활동해 주기를 요구합니다. 만약 양심적으로 공정하고 어느 쪽이든 편향되지 않는다면, 우리는 불가피하게 양쪽 모두로부터 비난받게 됩니다. 대개 우리가 목격하는 일은, 하나님의 종이 되고자 하는 이들이 어떤 분쟁을 중재하려고 할 때 결국 아무도 만족시키지 못하고 끝나는 경우입니다. 그 이유를 찾는 일은 어렵지 않습니다. 대개 분쟁하는 양측은 옳고 그름보다는 동료들을 이기고 다른 모든 이보다 앞서는 데 관심을 둡니다. 우리가 무고한 이들의 권리를 위해 싸우고 있음을 공개적으로 밝힐 때, 우리를 향한 공격은 배가됩니다. 어째서 그렇습니까? 통상적으로 잘못을 저지르는 이들은 좋은 신분과 권위를 지닌 이들이기 때문입니다. 제 얘기는, 세상이 비위를 맞추려 하는 권력자나 부유한 자가 바로 그들이라는 것입니다. 그런 까닭에 우리가 개입한 결과는 쓰라리고 지루한 갈등일 수 있습니다.

물론 부자들 못지않게 나쁜 가난한 사람들도 있습니다. 만약 그들이 감추고 있는 독을 뱉어 낼 기회를 얻는다면, 아마도 부자들 못지않게 악한 이들로 밝혀질 것입니다. 그러나 사실 그들이 행하는 불행한 일은 명성과 부를 신뢰하고 사람들 사이에서 강력한 힘을 가진 자들이 행하는 악과 비교해 보면 아무것도 아닙니다.[11] 그러므로 정의와 의를 옹호하고자 한다면, 우리는 손에 이미 칼을 쥔 자들에게 그리고 그들에게 아무 잘못도 하지 않았음에도 우리를 때리고 벌할 수 있는 자들에게 싸움을 걸어야 합니다.

우리가 이 가르침을 실천에 옮겨야 할 긴급한 필요가 있습니다. 우리 주님은 여기서 낯설거나 특이한 문제를 다루고 계시지 않습니다. 지금 그분은 우리 삶의 모든 순간을 어떻게 써야 하는지 말씀하시는 것입니다. 자연스러운 일이지만, 우리가 흠 없이 살고 이웃을 화나게 하는 어떤 일도 하지 않는다면 아무도 우리를 미워하지 않습니다. 우리는 아무런 해도

입지 않으며 평화롭게 살아갈 것입니다. 실제로, 베드로가 말하듯이 "여러분이 열심으로 선을 행하면 누가 여러분을 해하겠습니까?"[12] 사실 마땅히 그렇게 되어야 합니다. 그럼에도 하나님의 자녀들은 많은 인내를 보인 후에, 또한 분쟁을 해결하기 위해 노력한 후에 많은 공격과 중상을 겪고 자신도 알지 못한 채 여러 문제의 원인이 될 각오를 해야 합니다.

제가 말씀드렸듯이 그 이유는, 우리가 옳은 일을 위해 일어선다면 많은 이들이 분노를 드러낼 것이기 때문입니다. 더 많은 이들이 그들 뒤를 따를 것입니다. 우리가 평화를 만들면 만들수록 세상은 더욱더 우리를 욕할 것입니다. 모든 식탁과 마을의 모든 거리마다 우리 이름이 퍼질 것이고, 우리에 관해 온갖 상스러운 이야기가 퍼져 나갈 것입니다. 그러나 그 이상의 것이 있습니다. 베드로는 예수 그리스도 안에서 거룩한 삶을 살고자 하는 이는 어느 누구라도 박해를 경험하게 되리라고 말합니다.[13] 사실 하나님은 분명히 때때로 우리에게 휴식을 제공하시지만, 그럼에도 많은 적을 만드는 일을 피할 수는 없습니다.

사탄은 이 세상 안에 많은 동맹을 거느리고 있습니다. 사탄의 영에 사로잡힌 자들은 복음의 빛을 견디지 못하거나, 우리가 우리 아이들을 다스리듯 하나님이 자기들을 다스리도록 허락하지 못합니다. 그러므로 우리는 복음의 대의를 옹호하고 우리 주 예수 그리스도의 진리를 증언해야 합니다. 신자인 척하면서 우리와 같은 믿음을 가졌다고 주장하는 자들을 포함해 많은 이들과 끊임없이 투쟁하게 되더라도 말입니다. 반복해서 말씀드리지만, 지금 우리는 그들과, 심지어 공개적으로 하나님을 거부하고 복음이 세상에서 추방되는 것을 보기를 즐기는 이들과 맞서 사투를 벌이는 중입니다.

　종종 겪는 잘못된 일 때문에 당황하지 않으려면, 바로 이것이 우리가 분명하게 이해해야 할 교훈입니다. 자기들이 복음에서 큰 진보를 이뤘다고 믿으면서도 누군가로부터 공격받을 때 어김없이 다음과 같이 투덜거리는 이들이 많기 때문입니다. "나는 그에게 공격 빌미를 준 적이 없어. 내가 그에게 아무 짓도 하지 않았음을 알면서 왜 이토록 나에게 덤벼드는 거지? 내가 그를 거절한 게 옳지 않았던 것인가?" 그들은 자신들이 비난받을 이유가 없다고 상상합니다. 그들의 행동이 실제로는 아주 무모했음에도 말입니다.

　이제 성경은 아주 다른 무언가에 대해 말씀합니다. 우리가 실제로 마음이 온유하고 정의와 의에 열심을 품고 있음에도, 특별히 하나님의 영광과 복음의 진리에 헌신할 때도, 사람들이 우리를 대적하고 우리를 향한 적대감이 넘칠 것이라고 말씀합니다. 공개적인 전쟁이 일어날 것이고, 우리는 잘못된 모든 일로 비난받을 것입니다. 그러므로 오늘날 교황주의자들은 우리가 세상 모든 문제와 분쟁과 싸움을 일으킨다고 비난하고 공격하면서, **화평하게 하는 자는 복이 있다**는 본문을 인용합니다. 그들은 오직 우리가 그런 혐오스러운 일들에 맞서 심한 비판을 제기하는 일만 멈춘다면, 자기들이 폭정을 자유롭게 행사할 수 있고 사람들이 자신들의 우상숭배적 고안물들과 사랑에 빠지게 되리라고 믿습니다. 바로 이것이 그들이 우리를 가리켜 평화를 교란하는 교회의 적이라고 부르는 이유입니다.

여기서 제가 앞서 말씀드린 내용, 즉 우리가 수행하는 싸움이 하나님의 명예와 사람들 사이의 권리 및 상호적 정의와 관련이 있다는 점을 기억하시기 바랍니다. 특히 주 예수 그리스도에 대한 우리의 증언 및 구원에 관한 가르침과 상관이 있습니다. 바로 이것이 우리가 이 싸움에 접근하는 방식입니다. 의, 즉 옳고 필요한 대의를 위해 싸우는 우리가 모두와 평화롭게 지내려면 하나님께 등을 돌려야 합니다. 사정이 이러하니 우리가 무엇을 근거로 교황주의자들에게 동의할 수 있겠습니까? 어떤 이해에 도달할 수 있겠습니까? 그들은 우리가 자기들 편에 선다면 기뻐하겠지만, 도대체 우리가 어떤 맥락에서 그럴 수 있겠습니까? 그러려면 우리는 그들처럼 배교자가 되고, 하나님 나라 밖으로 내쳐져야 합니다. 악과 부패와 더러움 가운데 거하는 그들과 연합해야 합니다. 한마디로, 그들처럼 마귀의 자식들이 되어야 합니다.[14]

이것이 할 수만 있다면 그들이 우리를 유혹해 낚으려 하는 방식입니다. 하나님은 우리가 그런 대가를 치르면서 평화를 유지하는 일을 금하십니다! 만약 하나님을 기쁘게 해 드리는 증언을 위한 일이라면, 우리가 그분 깃발 아래에서 싸운다면, 그분이 이 일을 통해 예배와 영광을 받으신다면, 우리가 사람들의 적의를 겪는 데 만족한다면, 우리 싸움은 유익할 수 있습니다. 그럴 경우, 우리 쪽에서 나타나는 분열은 우리가 사악한 자들의 죄와 신성모독에 함께할 시간이 없어서일 것입니다.

의와 무관한 박해

이 시점에서 "의"라는 단어를 살펴보는 것이 중요합니다. 분명 사악한 자들은 자기들 역시 고난을 받기에 자기들도 그리스도의 제자로 간주해야 한다고 자랑할 수 있습니다. 우리가 알기로, 예전에는 모든 사람이 자기들을 박해한다는 사실에 근거해 자신들의 믿음이 참되다고 오만하게 자랑하던 이단들이 있었습니다. 오늘날에도 세상에 아주 많은 문제를 일으키는, 정부와 행정관과 교회의 일치를 비난하는, 사방에 무서운 오류의 씨앗을 뿌리는 그런 미치광이들, 즉 아나뱁티스트들(Anabaptists)은 **박해를 받은 자는 복이 있다**는 이 구절을 지치지 않고 반복합니다.[15] 그렇습니다, 그러나 과연 그들이

의 때문에 고난을 겪는 것일까요? 답은 "아니오"입니다. 사실은 정반대입니다. 우리는 "의"라는 단어를 우리 마음에 견고하게 새기고 박해받을 때마다 우리 양심이 하나님 앞에서 대의의 정당함을 입증하도록 해야 합니다. 이것이야말로 그리스도께서 제자들과 강도, 도둑, 살인자, 신성모독자, 간음자들을 구별하기 위해 택하신 표식이기 때문입니다. 사악한 자들 역시 실제로 박해를 겪습니다. 우리는 할 수 있는 한 그들을 벌해야 합니다. 다윗이 시편에서 선언하듯이 말입니다. 다윗은 자기가 그들을 미워하는 것이 그들 자신 때문이 아니라 그들의 불의 때문이라고 말했습니다.[16]

사악한 자들을 벌하는 일은 필요합니다. 하지만 그 일이 그들에게 하나님이 자기들을 지지해 주실 것이라고 자랑할 권리를 제공하지 않습니다. 그들은 그리스도의 증인과 순교자들처럼 의를 위해서 고난을 겪는 것이 아닙니다. 그들은 이 세상에서 언제나 옳은 것을 옹호하는 이들이나, 무고한 자들에 대한 지원을 지속하는 이들이나, 억압당하는 사람들을 일으켜 세우는 이들처럼 고난을 겪는 것도 아닙니다. 그런 일을 하는 사람들 역시 의로 인해 고난을 겪고, 하나님이 자기 사람이라고 인정하시는 표식을 지니고 있습니다.

유감스럽게도 이 주제를 더 철저하게 다룰 만한 여유가 없습니다. 여기서는 우리가 하나님의 명예나 영광을 침해하거나 그분 이름에 불명예를 안겨 드리지 않는 방식으로 평화를 만드는 자가 되는 일이 얼마나 중요한지 주목하는 데서 만족합시다. 우리는 무엇보다도 복음서를 통해 우리에게 알려진 평화를 소중히 여겨야 합니다. 그리스도께서는 우리와 하나님 아버지 사이에 평화를 만드셨는데, 이제 그분은 하나님과 인간 사이에 화해가 선포되기를 명하십니다. 바울은 우리에게 모든 시기와 분쟁과 헛된 의견을 끝내라고 촉구하면서 이를 상기합니다. 그는 이런 일이 어떻게 가능한지 묻습니다. 그것은 우리가 하나님과 화해함으로써, 또한 우리 사이에 형제애를 유지함으로써 이루어집니다.[17] 그리고 복음 선포를 통해 이루어집니다.

그러므로 하나님과 화해시키는 메시지를 받았다고 주장하는 우리는 사람들 사이에 평화와 조화를 독려하는 방식으로 살아야 합니다. 그리고 이런 평화와 조화의 의무가 모두에게 해당된다면, 권위 있는 지위의 사람들에게는 더욱더 그러합니다. 그러나 다시 말씀드리지만, 이것은 훨씬 더 긴 설명이 필요합니다.

우연히도 우리 중에는 다른 곳에서 목사로 교회를 섬겼던 형제가 있습니다. 그는 시 의원회에 의해 받아들여졌고 지금은 이 도시에서 섬기도록 임명되었습니다. 목사가 소개될 때마다 우리는 그들이 우리 가운데서 목사로 사역하도록 부름을 받은 목적이 무엇인지, 그리고 우리가 그들의 수고를 통해 어떻게 유익을 얻어야 할지 기억해야 합니다. 요지는 이렇습니다. 우리가 여전히 하나님의 적이었을 때, 그분은 우리가 찾을 때까지 기다리지 않으시고 우리를 부르셨고 일찌감치 발견하셨습니다. 우리가 길을 잃고 파멸 상태에 있음을 보신 그분은 우리를 찾아내시고 자신에게로 부르셨습니다. 하나님은 우리 모든 죄를 용서하심으로 이런 일을 하셨습니다. 그 덕분에 이제 우리는 우리 이웃의 죄를 용서하는 법을 배우게 되었습니다. 그분은 연민을 품고서 우리를 다루고자 하시는데, 이는 우리가 연민을 품은 채 다른 이들을 다루게 하기 위함입니다.

그러므로 복음이 선포된 목표와 목적이 무엇인지, 하나님이 복음의 가르침을 통해 우리에게 제공하시는 복이 무엇인지 곰곰이 생각해 봅시다. 복음은 그분의 이름으로 우리 앞에 놓여 있습니다. 크든 작든 우리 모두 복음에 순종하고 우리 의무를 이행하기 위해 분발합시다. 더 나아가, 우리가 평화를 만드는 사람이 되지 않고는 하나님의 자녀로 간주될 수 없음에 유념하면서 우리가 받은 가르침으로부터 계속해서 유익을 얻읍시다. 마귀는 늘 우리를 자극해 분쟁하고, 악을 행하고, 싸우고, 평화를 해칠 방법을 찾을 것입니다. 따라서 우리는 전력을 다해 노력할 필요가 있습니다. 우리가 평화와 조화를 견지하고자 할 때, 우리 자신의 본성과 직면합니다. 우리는 오직 하나님의 가르침에 헌신할 때만, 그 가르침에 합당한 진지한 관심을 쏟을 때만 성공할 수 있습니다.

　우리는 평화를 만드는 자가 되어야 할 뿐 아니라, 마음이 바르고 열정적인 사람이 될 필요가 있습니다. 따라서 우리는 다른 무엇보다도 하나님의 진리를 귀하게 여겨야 합니다. 예수 그리스도께서 완벽하게 선포하신 말씀은, 우리가 온 세상을 불쾌하게 만드는 일을 두려워하지 않을 정도로 우리에게 익숙해져야 합니다. 그러나 이 점에서 우리는 너무도 냉담하기에 이사야가 자기 세대에 관해 한 말이 우리를 향한 말이 될 수도 있습니다. "거리를 위아래로 살펴보아도 옳은 것을 옹호하는 사람은 없다. 아무도 진실을 지지하지 않는다."[18]

　어째서 그런 것일까요? 첫째, 하나님이 성실과 정의를 얼마나 사랑하시는지 우리가 이해하지 못하기 때문입니다. 둘째, 하나님의 진리가 그분께 얼마나 귀한 것인지 우리가 알지 못하기 때문입니다. 하나님의 말씀과 그 말씀이 우리를 위해 할 수 있는 일을 경멸하는 것은 우리가 정의와 성실을 저버리게 만듭니다. 우리가 그것들을 존경한다고 아무리 주장할지라도 말입니다. 물론 우리는 한탄하며 이렇게 말합니다. "우리가 살아가는 이 시대를 보라! 온 세상이 뒤집혀 있다!" 그러나 이런저런 방식으로 우리는 모두 유죄입니다. 우리는 모두 미지근하고 활기가 없기 때문입니다. 그런 까닭에 "의"라는 단어가 늘 우리 귀에서 울리게 해야 합니다. 의야말로 우리를 대표해야 합니다. 그리고 무엇보다도 의는 하나님 이름의 명예를 옹호하는 것을 의미하며, 또한 우리 주 예수께 빚지고 있는 증언을 우리 가슴에 영원히 각인시키는 것을 의미합니다.

우리는 우리 믿음이 전보다 더 나아졌음을 보이기 위해 이런 것들을 생각해야 합니다. 특히 우리는 예수 그리스도께서 그분의 말씀을 전하심으로써 그분의 교회를 다스리시리라는 점을 알아야 하는데, 그 말씀에 우리는 마땅한 존경을 표해야 합니다. 그러나 우리에게 요구되는 바는 거짓된 순종이 아닙니다. 오히려 우리의 온 삶이 그동안 그 믿기지 않는 보화에 우리 마음을 두었으며, 너무나 쉽게 우리를 사로잡는 모든 세속적 감정을 뒤에 남겨 두었음을 입증해야 합니다.

이제 선하신 하나님의 위엄 앞에 엎드려 우리의 죄를
시인하고 그분이 그것들을 기억하심으로 우리를 움직여
참된 회개에 이르게 해 주시기를 간구합시다. 또한
하나님이 우리가 행하는 크고 무서운 죄들을 더욱더 밝히
알려 주셔서 우리가 더 뜨겁게 그분의 용서를 구할 수 있게
해 주시기를 간구합시다. 또한 우리가 성령으로 거듭나
전적으로 그분의 뜻에 순복할 수 있도록 도와주시기를
간구합시다. 그러므로 이제 우리는 이렇게 기도합시다.
전능하신 하나님 하늘에 계신 아버지시여….

해설

| 네 번째 설교: 평화의 대가 |

복음서들의 조화에 관한 64번째 설교

Badius, pp. 1150–1167; *CO* 46,797–810.

여기서 칼빈은 마태복음 5:8-10을 설명하면서
누가복음 6:22-23에 대한 설명은 사실상 배제한다.
그는 누가복음 본문을 다음 설교에서 다룬다.

마음이 청결하다는 말은 죄가 없거나 완벽한 상태에 도달했다는 뜻이 아니다. 이는 어떤 이가 말과 행위 모두에서 투명하리만큼 정직하게 되는 일을 의미한다. 칼빈 자신의 은유를 사용해 말하자면, 꼬불꼬불한 길이 아니라 곧은 길을 따르는 것을 뜻하며, 사람들이 최대치의 이익을 얻기 위해 사용하는 속임수와 조작에 가까운 잔꾀를 포기하는 것을 의미한다.

마음이 청결한 자는 무엇이 자신에게 유리한지 살피지 않으며 자신에게서 하나님의 얼굴을 가릴 모든 것에 대해 눈을 감는다. 이에 따라 마음이 청결한 자의 시각과 세속적 정신을 가진 자들의 시각 사이에 역설적인 대조가 이루어진다. 그 대조는 단지 영리하고 비양심적인 사람들뿐 아니라 자신에게 허락된 것 이상으로 하나님의 비밀을 더 많이 알고자 하면서 만족할 줄 모르는 호기심을 가진 자들까지 겨냥한다.

그러나 여기서 특별히 설교자가 관심을 두는 것은 평화와 평화를 만드는 일에 관한 다음 지복이다. 성향의 평화로움과 행위의 평화로움 사이에 유용한 구분이 이루어진다. 그리고 신자들에게 다른 이들을 해치는 일을 삼가라는 지속적인 호소로 이어지는데, 이것은 또한 온유함과 긍휼히 여김의 특성이기도 하다. 팔복 중 어느 것도 이것만큼 완벽하지 않으며, 좀 더 적극적으로 말하자면, 타오르는 증오의 불길을 끄는 데 유효하지도 않다. 그렇게 함으로써만 우리를 평화를 지으신 분인 하늘에 계신 아버지의 자녀로 보일 수 있다. 그럼에도 칼빈은 무분별한 평화를 옹호하는 사람이 아니다. 무분별한 평화는 침략자와 희생자, 악인과 선인을 동일한 발판 위에 세우는 일이 될 것이기 때문이다. 영구적 휴전은 바로잡아야 하는 잘못이 있는 선택지가 아니다. 정당한 결과를 주장하는 것은, 싸움의 필요성과 박해의 확실성을 받아들이는 일이다. 그 싸움이 불법을 행하는 자와 연관될 경우 하나님의 백성에게는 많은 고통이 따른다. 이런 고통은 그 싸움이 하나님의 진리와 그리스도의 복음을 위한 것일 때, 즉 하나님 뜻이 세상의 삶을 다스려야 하고 오직 그리스도의 속죄만이 그 삶을 새롭게 할 수 있다는 인식을 위한 것일 때 절정에 이른다.

그러므로 그리스도인들은 두 배로 고통당한다. 인간으로서 그들은 그들 자신뿐 아니라 다른 이들의 싸움에 휘말린다. 신자로서 그들은 마귀와 마귀의 일을 행하는 자들에 의해 괴롭힘을 당한다. 그러나 고통은 누구나 달고 다니는 배지가 아니다. 오직 "의를 위하여" 고난을 겪는 자들만이 축복에 대한 약속을 받는다. 많은 고난을 통해―그것들 모두가 우리가 만든 것은 아니다―우리는 천국에 들어간다. 물론 우리가 천국에 들어가는 것은 그럴 만한 자격이 있어서가 아니라 은혜가 우리보다 앞섰기 때문이다.

칼빈은 설교를 마무리하면서 우리가 여전히 하나님으로부터 멀리 있을 때 그분이 우리를 늦지 않게 찾으셨고, 우리가 바라볼 수 있는 게 아무것도 없을 때 우리에게 구주를 보내셨음을 상기시킨다. 예수 그리스도는 평화를 만드는 위대한 분이시다. 그분의 화해 행위가 우리가 서로 화해하는 일을 가능케 한다. 평화의 대가는 값을 치를 만한 대가다. 이미 지불된 대가이기 때문이다.

160

주

1 **누군가의 손해를 통해 이득을 얻는 것.** 칼빈의 비난 중 일부가 다른 곳에서 영리한 주장과 경건의 모양으로 신자들을 미혹하는 "영적" 자유주의자들(spiritual Libertines)에 대한 비난과 닮아 있기는 하나, 여기서 그리는 그림은 모든 형태로 나타나는 인간의 기만성에 관한 것이다. 그가 정죄하는 내용에는 사적이고 공적인 기만은 물론이고 명백한 사업적 관행까지 포함되어 있다. 루터(Luther)를 참조할 것: 그는 마음이 청결한 자를 회심한 자, 즉 하나님의 말씀과 믿음을 가지고 하나님이 명하시는 모든 것을 사랑하는 자로 여긴다. 이 구절에 관한 루터의 언급은 수도원주의와 세상에 의한 오염의 두려움에 대한 것이다(*Sermon on the Mount*, *LW* 21, pp. 32-39).

2 **하늘에 계신 성부 하나님.** 마태복음 18:10. 천사와 그들의 기능에 대한 칼빈의 가르침은 *Inst.* 1.14.4-12에 실려 있는 긴 논의를 보라.

3 **요한이 자신의 첫 번째 서신에서 말하듯.** 요한1서 3:2.

4 **하나님이 우리를 위해 예비하신 것.** 고린도전서 2:9. 이 구절은 이사야 64:4를 상기시킨다.

5 **"평화"와 "만들다"가 합쳐진 합성어.** 그리스어 εἰρηνοποιοί; 라틴어 *pacifici* 참조.

6 **본보기를 통해 이끌지 않는다면.** 평화가 평화를 만드는 자로부터 시작해야 한다는 개념은 앞선 주석가들에게서도 발견된다.

특히 히에로니무스에게서 두드러지게 나타난다. "화평케 하는
자들, 평화가 가장 먼저 그들 자신의 마음에서 그리고 이어서 각
각의 형제들 가운데서 다스리게 하는 사람들은 복이 있다. 만약
자기 마음 안에서 여러 악들이 싸우고 있다면 다른 이들 가운데
평화를 촉진하는 것이 무슨 의미가 있는가?"(마태복음 5:9에 대한
주석, *S. Chr.* 242, pp. 106-109). 에라스뮈스의 아이로니컬한 한
탄을 참조할 것: "그런 감정은, 대부분의 사람들이 행동하는 방
식을 고려한다면, 청각장애인에게 들려주는 노래와 같다"(*Ann.*
p. 26). 르페브르는 평화를 이루라는 명령을 복음의 설교를 통한
회심을 향한 긴급한 요구로 해석한다. "우리는 무엇보다도 하나
님과의 평화를 얻어야 하는데, 그것은 우리가 그분의 거룩한 말
씀을 선포할 때 얻어진다"(*Epistres* 66 B, p. 376).

7 **불화하는 두 사람.** 세 번째 설교 미주 16을 보라.

8 **정당하게 평화의 하나님이라고 불리시다.** 로마서 15:33; 16:20;
빌립보서 4:9; 히브리서 13:20.

9 **바울이 우리에게 촉구하듯이.** 로마서 12:18; 14:9; 데살로니가
전서 5:13.

10 **복음을 위하여 고난을 받음.** 종교개혁자들과 그 지지자들은 종
종 시민사회에서 소동을 일으키고 합법적 권위에 맞서 폭동을
유발한다는 이유로 비난받았다. 칼빈이 1535년에 프랑수아 1
세(Francis I)에게 보낸 편지 ―『기독교강요』(*Institutes*) 모든 판의
서문을 이룬다 ― 는 직접 이 문제를 다룬다. 이 편지에서 그는
모든 참된 신자들의 평화로운 의도를 옹호하며, 불일치는 예

언자들과 사도들의 시대에 그랬던 것처럼 "하나님의 권능에 맞섰던" 복음의 적들에게서 도움과 선동을 받는 사탄의 일이라고 주장한다. 루터는 마태복음 5:12에 관해 설명하면서 같은 주장을 한다. "마귀가 책임지고 복음의 치명적인 대적 노릇을 할 때 어떻게 일이 순조롭게 진행될 수 있겠는가? … 만약 그가 복음에 맞서 저항하고 복음을 가로막고자 한다면, 그는 모든 기술과 힘을 결집하고 복음을 막기 위해 온 힘을 다하여 일어날 것이다"(*Sermon on the Mount*, LW 21, p. 52).

11 **사람들 사이에서 강력한 힘을 가진 자.** 종교개혁자 칼빈에게는 빈곤이 가난한 자들에게 자동으로 도덕적 이점을 부여하지 않는 반면, 부는 특히 정치권력과 결탁할 때 굉장한 남용의 가능성으로 제기된다. 빈곤과 부에 관한 칼빈의 일반적인 가르침은 Ronald S. Wallace, *Calvin's Doctrine of the Christian Life* (London & Edinburgh: Oliver & Boyd, 1959), pp. 126−128, pp. 152−154, pp. 176−177, pp. 185−186에 개략되어 있다. 부와 권력이 한 사람이나 소수의 손에 장악된 사회에 내재된 불의에 관해서는 Harro Höpfl, *The Christian Polity of John Calvin* (Cambridge: The University Press, 1982), pp. 160−171을 보라.

12 **누가 여러분을 해하겠습니까?** 베드로전서 3:13.

13 **박해를 경험하게 된다.** 디모데후서 3:12.

14 **그들처럼 마귀의 자식들이 되어야 한다.** 우리 시대에는 알려지지 않은 절차인 상대방을 향한 악마화는 16세기 논쟁에서는 일반적으로 통용되는 것이었다. 1560년에 이르러 칼빈은 로마 가

톨릭과 프로테스탄트 사이의 교리적 일치를 이루려는 일련의
오랜 시도를 되돌아볼 수 있게 되었다. 비록 복음주의 서클 안
에 그런 단절이 돌이킬 수 없는 것은 아니라고 계속해서 믿었
던 이들 — 칼빈은 종종 그들을 "중재자들"이라고 불렀다 — 이 남
아 있기는 했으나, 결국 그 모든 시도는 실패로 드러났다. 칼빈
은 그런 희망을 갖고 있지 않았다. 이 문제에 관해서는, Richard
Stauffer, "Calvin et le *De officio pii ac publicae tranquillitatis vere
amantis viri*," *Interprètes de la Bible* (Paris: Beauchesne, 1980), pp.
249-267을 보라.

15 **박해를 받은 자.** "아나뱁티스트"(Anabaptist)라는 용어는 호전적
  인 뮌스터파(Münsterites)로부터 스위스 평화주의자들과 남부
  독일 형제단에 이르는, 주류 프로테스탄티즘 주변부에 있던 일
  군의 반대 운동을 가리킨다. 칼빈이 가장 많이 상대해야 했던
  이들은 후자였다. (이미 언급했던) 성도들의 분리된 교회에 대한
  그들의 믿음, 무기를 들거나 맹세하거나 공적 직책을 맡는 일
  에 대한 거부, 유아세례 거부, 추방(파문)에 대한 엄격한 시행
  등이 그들을 가톨릭과 프로테스탄트 양쪽 지역에서 박해 대상
  이 되게 만들었다. 산상수훈은 루터가 그에 대해 설명할 때 머
  리말에서 지적하듯이(*LW* 21, 5), 거룩한 삶에 대한 아나뱁티스
  트의 견해에 강력한 영향을 끼쳤다. 칼빈과 마찬가지로 루터
  역시 완전함에 대한 아나뱁티스트의 주장을 불균형적이고 분
  리적인 것으로 여겼다. Willem Balke, *Calvin and the Anabaptist
  Radicals*, trans. William Heynen (Grand Rapids: Eerdmans, 1981)

을 보라.

16 **그들 자신 때문이 아니라 그들의 불의.** 시편 139:21-22. 칼빈
은 시편에 대한 앞선 주석에서 죄에 대한 증오와 죄인에 대한
사랑을 동일하게 구분하기 위해 주의를 기울였다(*CO* 32.385-
386). 시편 139편 자체는 그런 구분을 하지 않는다.

17 **우리 사이에 형제애를 유지함으로써.** 고린도전서 3:3; 에베소
서 2:14-16; 디도서 3:9.

18 **아무도 진실을 지지하지 않는다.** 이사야 59:4, 14.

5
거절된 보상[*]

나로 말미암아 너희를 욕하고 박해하고 거짓으로 너희를
거슬러 모든 악한 말을 할 때에는 너희에게 복이 있나니
기뻐하고 즐거워하라 하늘에서 너희의 상이 큼이라
너희 전에 있던 선지자들도 이같이 박해하였느니라
(마 5:11-12)

인자로 말미암아 사람들이 너희를 미워하며 멀리하고 욕하고
너희 이름을 악하다 하여 버릴 때에는 너희에게 복이 있도다
그 날에 기뻐하고 뛰놀라 하늘에서 너희 상이 큼이라
그들의 조상들이 선지자들에게 이와 같이 하였느니라
그러나 화 있을진저 너희 부요한 자여
너희는 너희의 위로를 이미 받았도다
화 있을진저 너희 지금 배부른 자여 너희는 주리리로다
화 있을진저 너희 지금 웃는 자여 너희가 애통하며 울리로다
모든 사람이 너희를 칭찬하면 화가 있도다
그들의 조상들이 거짓 선지자들에게 이와 같이 하였느니라
(눅 6:22-26)

---

[*] 이 설교는 부분적으로는 앞 설교와 같은 본문을 사용하고, 부분적으로는 뒤에 나
오는 설교 본문을 사용한다.

동료 신자들에게서 오는 고난

지난 주일에 우리는 신자들이 하나님과 이웃 모두에 대해 자신들의 의무를 이행하려는 갈망을 가질 때 세상에서 평화롭게 사는 일이 쉽지 않다는 점을 살펴보았습니다. 사람들은 나쁜 의도로 가득 차 있기에 무고한 자들과 연약한 자들이 고통당할 때 그들을 보호하고, 정당하고 가치 있는 대의를 지키려면, 우리는 종종 싸워야 합니다. 바로 이것이 하나님이 우리에게 요구하시는 바입니다. 우리가 잘못되고 해로운 행동을 하지 않는 것만으로는 충분하지 않습니다. 우리는 또한 우리 능력의 최대치를 발휘해 선한 일을 해야 합니다. 이미 말씀드렸던 것처럼, 우리 주변에 악을 행하는 자들이 많은 것은 분명한 사실입니다. 마귀가 아무 이유 없이 이 세상의 왕자라고 불리는 것이 아닙니다. 그러므로 우리가 하나님을 섬기면서 조용히 그리고 평화롭게 살아가는 것은 어렵습니다. 그뿐 아니라 우리가 선을 옹호하려 할 때 많은 고난과 공포를 경험하게 되리라는 점 역시 고려해야 합니다. 사악한 자들이 우리의 적이 될 것입니다.

이것은 특히 건전한 교리가 문제가 될 때 그렇습니다. 사람들은 하나님의 진리에 대해 만성적 증오를 품고 있습니다. 적어도 그 진리에 의해 변화될 때까지는 그러합니다. 악을 행하는 자들은 빛에 거할 수 없고, 주님이 말씀하시듯[1] 그들은 오히려 빛을 미워하기 때문입니다. 사실 모든 사람은 악하며, 그 악이 공개적으로 드러나지는 않을지라도 마치 더러운 얼룩처럼 우리 안에 깊숙이 자리를 잡고 있습니다. 사람들은 위선자로 사는 것을 좋아합니다. 그러나 하나님은 말씀으로 모든 것을 빛 가운데 드러나게 하십니다. 그분은 우리의 숨은 생각과 가장 내밀한 갈망을 철저하게 살피십니다. 바로 이것이 사람들이 하나님의 진리를 받아들이려 하지 않고, 오히려 할 수 있는 한 거부하고 저항하는 이유입니다.

간단히 말해, 이 구절을 통해 우리는 우리 주 예수께서 가르치시는 바를 계속해서 기억하라는 권고를 받습니다. 우리가 부당하게 고난받을 때 우리 양심이 하나님 앞에서 우리에게 흠이 없음을 입증한다면, 그때도 우리는 불신자보다 더 나쁘다는 사실을 생각하면서 낙심하지 말아야 합니다. 어째서 그렇습니까? 우리가 추구하는 행복은 위로부터 오기 때문입니다. 세상에서 살아갈 때 우리는 싸울 준비를 해야 합니다.

또한 우리에게는 언젠가 우리 것이 될 안식에 대한 약속과, 더불어 오는 승리와 영광에 대한 약속이 있습니다. 그 약속이 세상으로부터 우리 눈을 돌리고 우리 마음을 위에 있는 영역으로 들어 올립니다.

더 나아가 우리는 단지 개인적 상처와 문제뿐 아니라, 비난과 중상과 낭설을 견디라는 권고도 받습니다. 아마도 이것은 모든 것 중 가장 견디기 힘들 수 있습니다. 용감한 사람은 굴욕과 치욕보다는 차라리 매질과 심지어 죽음을 더 쉽게 견딜 것이기 때문입니다. 용기로 명성을 얻은 이교도들 중에는 죽음보다도 사람들로부터 당하는 수치와 불명예를 더 두려워했던 고귀한 영혼의 소유자들이 있었습니다.[2] 그러므로 사악한 자들이 우리 위에 부당하게 쌓아 올리는 모든 모욕과 비난과 책임을 조용히 감내하려 한다면, 우리는 인간적 견고함 이상의 무언가로 무장해야 합니다. 그럼에도 바울이 선언하듯이 우리를 기다리는 것은 바로 모욕과 수치와 비난입니다. 바울은 우리 소망이 살아 계신 하나님께 있기에 고난과 치욕을 견뎌야 한다고 말합니다. 우리는 의혹의 대상이 될 것입니다. 사람들은 우리 얼굴에 침을 뱉을 것입니다.[3] 바로 이것이 하나님이 우리를 시험하시는 방법입니다. 그러므로 우리는 그런 일들과 마주할 준비를 해야 합니다. 또한 여기서 우리 주님이 주시는 가르침을 싸움을 위한 방패로 취해야 합니다.

이어서 그분은 우리를 향한 비난이 공개적으로 복음을 헐

뜯는 자들과 순전하고 참된 믿음을 얻을 만한 시간이 없는 자들뿐 아니라 스스로 교회 구성원이라고 떠벌리고 온갖 신실한 모양을 갖춘 이들에게서도 오게 된다고 경고하십니다. 그들은 우리를 끌어내리고 사람들 앞에서 우리에게 수치를 안길 첫 번째 사람들이 될 것입니다.

이것이 예수께서 자기 제자들이 **거부되고, 쫓겨나고, 그들의 이름이 저주를 받을 것**이라고 말씀하시는 이유입니다. 그분은 요한복음에서도 똑같이 말씀하시는데, 여기서는 하나님께서 가장 기뻐하시는 제사를 드린다고 믿는 이들에게 신자들과 복음 사역자들이 박해받게 된다고 선언하십니다.[4] 우리가 이사야서 8장에서 읽듯이,[5] 앞선 시대에는 율법 아래 놓인 상황이 그러했습니다. 그 시대에는 세상뿐 아니라 보편적 믿음의 옹호자로 자처하는 이들조차 하나님을 따르던 이들을 문제를 일으키는 자들로 간주했고, 그들은 사람들 사이에서 혐오감을 일으키는 모든 것의 전형이 되었습니다. 이사야가 그들을 그렇게 묘사했습니다. "여호와께서 나에게 주신 자녀들을 보라. 그들은 사람들에게 두려움을 일으키고 자연에 대해조차 혐오스러운 큰 공포의 대상이 되었도다."

여기서 우리는 이사야뿐 아니라 하나님을 순전하게 예배하는 일에서 이사야와 하나 된 이들이 어떻게 거부되었는지를 분명하게 볼 수 있습니다. 그들은 누구에게 거부당한 것입니까? 아, 애굽인들이나 거리낌 없는 우상숭배자들뿐 아니라, 이스라엘의 두 집, 즉 하나님께 성별된 두 왕국 백성들에게도 거부당했습니다. 그러나 비록 열 지파가 다윗의 집에서 떨어져 나가고 하나님께 반역하여 그분에게 등을 돌렸으나, 남은 자들이 있었고 하나님은 그들 안에서 영광을 받고자 하셨습니다. 그런 까닭에 유다에서처럼[6] 그 나라 안에도 하나님 일의 얼마가 있었습니다. 그래서 이사야는 이 두 나라 모두가 ― 당시 두 나라들의 구성원들은 거룩한 교회요 아브라함 혈통으로 간주되었습니다 ― 참된 예언자들과 하나님의 참된 추종자들을 미워했다고 말합니다.

그러므로 예수 그리스도께서 나타나시고 하나님의 진리가 더 완벽하게 선포되었을 때, 마귀의 분노와 사악한 자들의 노여움은 더욱 뜨거워졌고 하나님 자녀들 위로 미친 듯 쏟아졌습니다. 그 자녀들은 박해와 육체적 고통뿐 아니라 비열한 욕설까지 들어야 했습니다. 그들이 하나님의 교회 질서와 선한 통치를 위협했다는 비난이 제기되었기 때문입니다.

이미 받은 보상

출교(excommunication)는 처음부터 하나님이 당신의 교회로부터 모든 불결한 것을 정화하기 위해 고안하신 제도였습니다. 그 목적은 부도덕하게 행동하거나 죄를 짓는 사람들을 잘라내는 데 있었습니다. 그것은 옳은 일이었습니다. 이교도들조차 출교를 중시하며 사악하고 불결한 자들이 제사 행위에 참여하는 일을 부끄럽게 여기기 때문입니다. 이 일은 그들이 견딜 수 없는 신성모독입니다. 만약 가련하고 눈먼 이교도들이 이런 징계를 실천한다면, 하나님의 교회 안에서도 동일한 절차가 분명하게 이행되어야 했습니다. 그런 까닭에 여기서 예수 그리스도께서는 당신의 제자들이 불가피하게 이런 종류의 시험과 마주하게 되리라고 주장하십니다. 그들이 비난받고 미움받고 더러운 사람들처럼 회당 밖으로 내쳐질 것이라고 말입니다.[7]

이 구절에서 얻어야 할 교훈은 분명합니다. 바울이 앞서 인용한 구절에서 우리에게 가르치는바, 즉 우리가 개인적 고통과 상처를 인내하며, 심지어 생명 자체를 내주면서까지 견뎌야 한다는 것입니다. 그런 일에서는 견고함이 요구됩니다. 비난당하고, 거칠게 공격당하고, 죄를 지었다고 거짓으로 고발당할 때, 우리는 고개를 떨구고 성경이 다른 곳에서 말씀하듯이[8] 하나님께서 우리 무죄함이 새벽처럼 빛나게 해 주시기를 조용히 기다려야 합니다.

우리는 예레미야의 모범을 따라야 합니다. 그는 자기 보호자이신 하나님께 부르짖으면서 또한 그분이 자신의 대의를 인정해 주셨음을 알고서, 사람들이 가할 수 있는 모든 일 앞에서 두려워하지 않았습니다.[9] 이 세상을 살아가는 과정에서 사람들이 우리를 내쫓을 경우, 우리는 하나님이 여전히 우리를 당신의 종으로 여기신다는 사실을 아는 것으로 만족해야 합니다. 그러므로 우리는 그분 앞에서 살아가되 세상의 비난이 우리를 죄로 이끌거나 적절한 길에서 벗어나지 못하게 하는 방식으로 살아가야 합니다.

이런 가르침은 오늘 우리에게 가장 필요합니다. 요즘은 거의 아무도 그런 가르침에 순종하지 않기 때문입니다. 또한 다른 방식으로는 어떻게 하나님을 섬겨야 하는지 이해할 수 없기 때문입니다. 아주 많지는 않으나, 훌륭한 삶을 살면서도 탐욕, 도둑질, 부도덕 혹은 모종의 과잉으로 인해 비난받지 않는 이들이 꽤 있습니다. 모든 사람이 그들이 살아가는 방식을 칭찬합니다. 그러나 이렇게 물을 필요가 있습니다. 그들을 그렇게 단단하게 조이고 있는 것은 무엇인가? 그들이 명성과 명예를 탐하기 때문이 아닌가? 저는 그것이 이 세상의 훌륭하고 존경받을 만한 이들이 실제로 처한 상황이라고 주장합니다. 그들은 덕의 모습을 즐기는 데서 행복을 누립니다. 아아, 그 모든 것은 단지 연기에 불과합니다. 그들이 깊은 인상을 주고자 하는 대상은 사람들이기 때문입니다. 나중에 보겠지만,[10] 그들은 이미 그들의 보상을 받은 셈입니다.

반대로, 흠 없는 삶을 살기 위해 노력하고 사람들이 우리를 비난하거나 중상할 아무런 이유도 제공하지 않았음에도 우리가 수치와 상처와 공격을 받을 때, 우리가 산 채로 껍질이 벗겨질 때, 우리 중 하나는 위선자로 그리고 다른 이는 악당으로 비난받을 때, 우리는 하나님의 종이라는 게 증명됩니다. 요약하자면, 우리가 모든 종류의 중상을 받는 대상이 될 때, 그럼에도 모든 것에 아랑곳하지 않고 계속해서 우리의 길을 걸어간다면, 그때 우리는 참으로 하나님의 종임을 입증하게 됩니다.

어째서 그렇습니까? 세상 방식을 따라 자랑하는 일은 우리에게 아무런 의미가 없기 때문입니다. 여기 우리가 하나님을 섬기는 일에 얼마나 신실하고 얼마나 열심인지를 보여 줄 한 가지 유용한 시험이 있습니다. 과연 우리가 위를 올려다보면서 마음이 나뉘지 않고 세상의 헛된 것들에 아무 관심을 두지 않았음을, 또한 그것이 하나님이 의도하시는 바이기에 그분이 보여 주신 길을 따르기를 그치지 않았음을 정직하게 주장할 수 있느냐 하는 것입니다.

그러므로 사악한 자들이 아무리 심하게 욕하더라도, 우리는 지치지 말고 하나님이 우리를 위해 마련해 놓으신 길을 따르는 일에 유념해야 합니다. 우리는 인내해야 합니다. 하나님이 분명히 우리의 보호자, 즉 앞서 인용했던 시편이 약속하듯이 우리의 무죄를 밝혀 주시는 분이 될 것이기 때문입니다.

선지자들과 제자들의 본보기

지금 우리가 살피는 구절은 출교에 관해 말씀합니다. 여기서 우리 주님이 의미하시는 바는 아주 분명합니다. 교황과 그의 친구들 그리고 그들을 둘러싼 오합지졸 성직자들에게 우리는 출교를 선고받아야 마땅한 개만도 못한 존재들입니다. 그러나 그들의 가면은 이미 벗겨졌습니다. 많은 곳에서 그들은 사실상 모든 권위를 잃어버렸습니다. 오늘날 교황주의자들 중에 이 뿔 달린 짐승들 혹은 (그들이 그렇게 불리는바) 사제들이라는 더러운 전염병을 존중하는 이는 한 사람도 없습니다. 반복해서 말씀드립니다만, 경건한 이들 중 아무도 그들을 존경하지 않습니다. 그들이 사람들이 만든 허구를 따르고 있다는 점을 모두가 압니다. 바로 이것이 우리가 그들을 현재 모습 그대로, 즉 그들 자신이 고안한 장치들에 맡긴 채 내버려 두어야 할 이유입니다. 그런 장치들은 그들이 대주교와 주교 같은 칭호들을 내세우며 우리에게 출교를 남발하는 일을 멈추게 하지 않을 것입니다.

만약 우리를 견고하게 하시는 우리 주님의 가르침이 없다면, 우리에게 무슨 일이 벌어질지 상상해 보십시오. 여러 사건들이 우리를 크게 당황하게 할 것이고, 우리는 이렇게 말할 것입니다. "하나님의 진리를 옹호하고 세상의 구주이신 예수 그리스도의 증인 노릇을 하는 우리가 이리저리 쫓겨 다니고, 사람들에게 혐오스러운 존재가 되고, 세상에서 근근이 살아갈 정도로 무가치하게 여겨지는 것은 어찌 된 일인가?" 실상을 말하자면, 우리에게는 예언자들의 본보기가 있습니다. 또 우리는 주님의 사도들과 그들을 추종하는 자들이 무슨 일을 겪었는지 알고 있습니다. 우리는 그들보다 더한 특권을 갖고 있지 않습니다. 그러므로 하나님이 우리를 어디로 부르시든 그 부르심을 따라 살아갑시다. 그분의 해결책은 우리를 위해 충분합니다. 비록 온 세상이 우리를 정죄할지라도 말입니다.

우리는 교황과 그의 패거리들이 선포한 제명을 공개적으로 일축합니다. 이 하찮은 자들이 우리를 거부하면 할수록 하나님이 우리를 더욱더 인정해 주신다는 것을 알기 때문입니다. 그리고 그들의 악한 관행으로부터 더 멀어질수록, 우리는 우리 주 예수 그리스도께 더 가까이 다가가게 되고 그분의 결백하심에 더 많이 참여하게 됩니다.

이와 관련해 예수께서 시력을 회복시키신 사람에게 무슨 일이 일어났는지 살펴봅시다.[11] 눈을 뜨게 된 그는 자기를 치유해 준 사람은 악할 수 없다고 선언했는데, 하나님이 자신의 기도를 들어주셨기 때문입니다. 그러므로 하나님이 예수를 보내신 게 틀림없습니다. 그 사람은 또한 거룩한 선지자라고 평가되었기 때문입니다. 그 가련한 사람이 자기 마음을 드러냈을 때 그는 출교되었고, 마치 세상에서 어떤 자리도 얻을 수 없는 도망자처럼 쫓겨났습니다. 그는 율법의 제사장과 교회의 대주교라는 칭호를 지니고 흥청거리던 비열한 무리에게 내쫓겼습니다. 그러나 예수께서 돌아와 만나 주셨고 그와 이야기를 나누셨습니다. 그러므로 우리가 사람들에게 그리고 마귀의 수하들에게 거부될 때마다 하나님의 아드님께서 우리를 환영해 주시리라는 것을 의심해서는 안 됩니다. 그들의 유일한 목표는 세상을 큰 혼란에 빠뜨림으로써 어느 누구도 하나님을 우상과 구분하거나 참된 종교를 거짓된 종교와 구분하지 못 하게 만드는 것입니다.

바로 이것이 우리가 여기서 파악해야 하는 내용입니다. 우리는 진리를 증언하다가 고난을 겪을 때 우리 삶을 귀하다고 여기지 말아야 합니다. 진리는 우리의 구원과 행복 그리고 영광의 소망을 위한 열쇠이기 때문입니다. 그러므로 우리는 명성을 잃게 될 때 우리에게 퍼부어지는 비난을 모면하기 위해 자기 명성에 집착하지 말아야 합니다. 만약 우리가 하나님과의 동행을 유지하고 그분의 인정에 대한 증거를 갖고 있다면, 또한 베드로가 말하듯이[12] 우리 양심이 우리에 대해 긍정적으로 답한다면, 우리는 그런 상황을 견뎌 낼 것입니다. 다른 곳에서 바울은, 같은 맥락에서 우리가 비난받고 욕먹기를 예상해야 하지만 선을 행하는 일에 지치지 말아야 한다고 쓰고 있습니다.[13]

그러므로 사람들이 우리를 악을 행하는 자들로 대할지라도 우리는 성실함을 유지하면서 계속해서 나아갑시다. 그러면 하나님이 우리의 신실함에 대한 증인과 심판자가 되실 것입니다. 그러는 동안에 사람들이 우리가 잘못된 일을 한다고 비난하고 우리를 짓밟는다고 할지라도, 아무에게도 해를 끼치지 말고 모두에게 선을 행하며 오히려 늘 학대당하고 정죄받고 거부될 준비를 하면서 계속 앞으로 나아갑시다. 정죄받고 거부된다고요? 그렇습니다! 우리는 유죄판결을 받은 사람처럼 되고 사방에서 공격받을 것입니다. 이것이 오늘 본문이 가르치는 내용입니다. 예수 그리스도께서는 제자들에게 하셨던 것처럼 오늘 우리에게 선지자들의 예를 제시하십니다. 우리는 이중의 모델을 갖고 있습니다. 선지자들 모델과 제자들 모델 말입니다. 만약 박해에 아무런 선례가 없다면, 즉 전에 하나님의 종들이 학대당하거나 쫓겨난 적이 없다면, 가장 강한 자들조차 두려워 떨면서 자신의 파멸을 생각했을 것입니다. 신자들에게 그런 일들이 결코 새롭거나 놀라움의 원인이 될 수 없음을 아는 일이 중요해지는 이유가 여기 있습니다.

선지자들은 너무나 예외적인 능력을 갖고 있어서 하나님이 세상에 보내신 천사들처럼 보일 정도로 탁월했습니다. 우리 주님은 당신의 제자들에게 하시듯 우리에게도 선지자들에 대해 언급하십니다. "너희는 그들보다 우월하지 않다. 그들은 하나님 자신을 대표했다. 그들은 그분의 위엄의 징표를 지니고 있었다. 그래서 모두가 그들을 경외했다. 그런 그들이 어떤 대우를 받았는가? 그들은 육체적 학대뿐 아니라 중상과 모욕을 당했다. 교회의 반역자와 적이라는 비난을 받았다. 너희는 예레미야가 백성들 사이에서 문제와 분쟁을 일으키려

했다고 비난당했으며, 조국의 적과 내통하는 반역자라는 비난을 받았던 것을 안다. 그는 즉시 감옥에 던져졌을 뿐 아니라 가능한 모든 모욕을 겪었다.[14] 이사야 역시 가장 잔인한 방식으로 죽었다. 어떤 이들은 채찍질을 당했고, 어떤 이들은 사지가 찢겼다. 그들이 이 모든 일을 겪은 것은 하나님이 그들에게 견딜 능력을 주셨기 때문이다. 그러니 어째서 너희가 그들보다 더 나은 운명을 기대할 수 있겠는가?"

선지자들에게 일어난 일은 우리 주님의 제자들을 위한 유익한 교훈이었습니다. 싸움에 시달리고 격한 공격을 당할 때 그들은 구부러지거나 부러지지 말고 계속해서 앞으로 나아가야 했습니다. 베드로에게서도 동일한 교훈을 많이 발견할 수 있습니다.[15] 그는 우리에게 서로 갈등하는 견해와 주장들이 우리 길을 가로막을지라도, 이단들이 모든 것을 뒤죽박죽으로 만들고 뒤엎으면서 우리를 파멸하려 할지라도, 굴하지 말고 계속 전진하라고 권합니다. 이런 일은 많은 연약한 이들을 문제에 빠뜨리고 혼란스럽게 만듭니다.

베드로는 우리에게 '너희는 항상 자신들이 수행하는 존귀하고 거룩한 직무를 내세우면서 하나님의 이름으로 말한다고 떠벌리던 거짓 선지자들이 옛 교회 안에 있었다는 말을 들은 적이 없느냐'고 묻습니다. 그런데 과연 신자들이 그런 이유로 믿음을 저버렸습니까? 아닙니다, 그렇지 않습니다. 오히려 그들은 결국 진리가 승리하리라는 것, 그리고 사방에서 공격을 받을지라도 자기들이 그 진리를 따르는 일에 주춤거리지 말아야 한다는 것을 알았습니다.

교회 안의 무질서에도 불구하고 하나님을 따르는 자들이 얼마나 충실했는지를 보면, 주변에서 거짓 교사들이 일어날 때 어떻게 해야 하는지 알 수 있습니다. 한 걸음도 물러서지 말아야 하며, 또한 유약하게 "이제 누구를 믿어야 하나?" 한탄하는 사람들처럼 되지도 말아야 합니다. 오히려 하나님을 바라보고, 과거에 행하신 일을 떠올리면서 처음부터 그분이 교회를 이끌어 오신 방식을 생각해야 합니다. 우리는 성실하고 겸손하게 걸어가야 합니다. 그럴 때 하나님이 우리가 방황하지 않게 지켜 주시리라고 확신할 수 있습니다. 이것이 우리의 과제입니다. 세상이 아무리 복음에 분개할지라도, 우리는 굳게 서서 선지자들과 우리 주님의 제자들과 사도들의 뒤를 따르는 일이 무엇을 의미하는지 배워야 합니다. 오늘 우리에게는 과거 제자들보다 훨씬 더 굳은 확신이 있습니다. 그들의 유일한 모델은 선지자들이었습니다. 그러나 우리에게는 사도들과 제자들이 있으며, 그 뒤에 나타났던 모든 이들의 모범이 있습니다. 우리는 부당하게 박해를 받을 때, 즉 하나님의 이름을 헛되이 부르며 교회의 기둥이라고 사칭하는 사람들에게 박해를 받을 때, 우리를 강건하게 하시고 위로해 주시는 더 큰 근원을 갖고 있습니다.

최종 결과

그러나 주님께서 누가를 통해 다른 말씀을 주시지 않았다면, 우리 주님의 말씀은 여전히 우리를 낙심하게 했을 것입니다. 신자들은 박해, 거부, 중상, 치욕, 불명예에 대비하라는 경고를 받습니다. 즉 그들은 자신이 범죄자처럼 취급될 수도 있음을 압니다. 그럴지라도 인간인 그들은 어쩔 수 없이 자신을 다른 이들과 비교하게 됩니다. 신자들은 이렇게 말할 수도 있습니다. "하나님을 조롱하는 자들, 존경을 받는 이들, 유명한 사람들, 모든 이들의 사랑을 받는 이들을 보라! 그리고 여기 우리가 있다. 세상의 쓰레기처럼 모두에 의해 거부되고 조롱과 미움을 받는 우리가! 그들은 악하다. 그들은 하나님에 대한 경멸을 숨기지 않고, 부도덕한 삶을 살며, 훌륭한 질서의 적이다. 그럼에도 그들은 어디로 가든 아무런 방해도 받지 않고, 오히려 아첨과 환대를 받는다. 가장 좋은 음식을 먹고 가장 행복한 사람처럼 살아가는 반면, 우리가 하는 모든 일은 탄식과 슬피 우는 것, 그들이 폭식하는 동안 주리고 목말라하는 것뿐이다!"

이런 식의 사고는 예수님을 따르는 이들에게 후회하는 원인을 제공할 수도 있습니다. 그런 생각이 우리가 노래해 온 시편에 잘 표현되어 있습니다.[16] 여기서 다윗은 자기 발이 빙판 위에서처럼 미끄러졌다고 선언합니다. 사악한 자들이 얼마나 번성하는지를 보았을 때 자기가 거의 넘어질 뻔했다고 말합니다. 그가 보기에 통상적인 질병들은 도대체 그 사악한 자들을 엄습하지 않습니다. 그들이 다른 이들에게 고통을 가할지라도 아무도 감히 그들을 주목하지 않습니다. 오히려 그들이 가까이 오면 모두가 두려워 떱니다. 만약 하나님이 그를 붙들어 주시지 않았더라면, 아마도 그런 일들이 그를 완전히 압도했을 것입니다. 그러나 승리는 신속하게 오지 않았습니다. 그 자신이 인정하듯이, 그는 사나운 짐승, 즉 길을 잃고 통제되지 않는 당나귀나 젊은 황소 같았기 때문입니다.

우리 주 예수 그리스도께서는 우리의 불안한 마음이 상상하는 어려움을 내다보셨습니다. 그래서 그분은 이렇게 덧붙이셨습니다. **화 있을진저 너희 지금 웃는 자여. 화 있을진저 너희 지금 배부른 자여. 화 있을진저 너희 지금 세상으로부터 사랑받는 자여.** 그분의 목적은 우리에게 마지막을 기다리고 첫인상만으로 판단하지 않도록 가르치시는 데 있습니다. 우리가 사악한 자들이 누린다고 여기는 복은 사실 현생만큼이나 꿈에 불과합니다. 하나님이 사악한 사람에게 모든 가능한 쾌락과 위안을 허락하신다고 할지라도, 그들은 언젠가 더욱 쓰라린 실망을 겪지 않을 수 없습니다. 하나님은 그들에게 좋은 날이 영원히 계속되지는 않으리라고 적절하게 경고하십니다. 그렇게 함으로써 그분은 모든 변명의 가능성을 제거하셔서 그들이 잘못된 행위를 시인하고 설명할 준비를 하게 하십니다. 만약 그들이 하나님의 경고에 유의하지 않는다면, 그들을 향한 비난은 훨씬 더 커질 것입니다.

그러므로 세속적이고 신성을 모독하는 자들이 누리는 쾌락, 허식, 감각적 기쁨, 명예, 부, 소유가 무엇이든 모두 곧 사라질 환상에 불과합니다. 물론 이것은 우리가 그런 것들을 처음 볼 때 받는 느낌이 아닙니다. 이것이야말로 우리가 사악한 자들이 번성하는 모습을 볼 때 자신이 불행하다고 느끼고 낙심하게 되는 이유입니다. 우리는 그들을 질시하고, 우리 눈이 지금 보는 것에 따라 그들을 판단합니다. 우리 마음은 상상력이 결여되어 있습니다.

우리가 좋아하는 왜곡된 논리를 바로잡고자 그리스도께서는, 웃음과 만족스런 식욕과 부를 복과 동일시하는 것은 최종 결과를 무시하는 것이라고 단언하십니다. 또한 심판을 향해 부주의하게 돌진하는 것이며, 아주 취약한 증거를 바탕으로 무언가를 판단하는 일이라고 단언하십니다.

그분은 계속해서 고삐를 늦추지 않으며 우리를 긴장시키시는데, 앞에서 다음과 같이 선언하셨던 것도 그런 이유 때문이었습니다. "너희는 울 때, 주리거나 목마를 때, 혹은 괴롭힘당하고 박해받을 때 자신이 비참하다고 느끼지 말아야 한다. 너희는 너희 자신을 하나님이 포기하신 쓸모없는 존재처럼 여기지 말아야 한다. 어째서 그런가? 너희는 이 세상을 통과해 하늘에 있는 너희 상을 추구해야 하기 때문이다. 하나님 자녀가 되는 일이 참으로 무엇을 의미하는지 생각해 보아라. 그분이 너희 아버지가 되시고 너희가 그분을 그렇게 부를 때 무슨 일이 일어나는지를 생각해 보아라. 그것은 누구나 바랄 수 있는 것보다 더 큰 축복이다. 사악한 자들에 관해서는, 너희는 그들이 그들의 행운 속에서 흥청거리고 삶의 복된 쾌락에 몰두하는 모습을 본다. 이것이 실제로 오늘날 너희가 그들을 보는 방식이다. 그러나 인내하여라. 그들의 즐거움은 결국 이를 가는 일로 이어지고, 그들의 부는 빈곤으로 바뀔 것이다. 그들은 모두 하나님의 저주 아래에 있기 때문이다. 만약 그들의 세상적 품위가 하나님과 그분의 천사들 앞에서 그들 자신을 정죄할 뿐이라면, 어째서 그들을 부러워해야 하는가?"

요약하자면, 바로 이것이 우리 주 예수 그리스도께서 우리를 세상의 것들과 이 덧없는 삶의 한계를 넘어서게 하시는 방법입니다. 그분은 우리가 세상에서 보상을 얻을 수 없을지라도 낙심하지 말아야 한다고 알려 주십니다. 우리의 보상은 하늘에 있기 때문입니다. 그분이 보상이 하늘에 있다고 하시는 것은 우리가 얻어 낸 보상이라는 의미가 아닙니다. 사실 교황주의자들은 "보상"이라는 용어가 등장할 때마다 봄날을 맞고 있습니다. 우리는 이와 같은 말을 듣습니다. "그러므로 우리 행위가 영생을 얻어 낼 수 있다! 우리가 죄를 지으면, 참회를 드리고 죄책에서 벗어날 수 있다. 또한 하나님의 은혜가 우리를 도울 수 있을지라도, 우리 자신의 노력으로 우리의 가치를 더할 수 있다." 그들은 누군가로부터 압박을 받으면, 인간의 가치가 영생이라는 무한한 축복과 같을 수 없다고 인정합니다. 그럼에도 그들은 둘 사이에 얼마간의 양립 가능성과 합의가 존재한다고 믿습니다. 그들은 하나님이 당신을 잘 섬겨왔던 이들에게 보상하지 않으시는 것을 부당한 일로 여깁니다.[17]

그러므로 교황주의자들에게 "보상"이라는 단어는 그리스도의 은혜를 모호하게 만드는, 심지어 가능하다면 소멸하게 하는 확실한 변명거리를 제공합니다. 우리는 주님께서 오신 것이 우리의 교만과 오만에 영합하기 위해서거나, 죄를 지을 때 스스로 보상할 수 있다는 잘못된 가정 위에서 우리 자신을 구원의 창시자로 만들기 위해서가 아님을 믿어야 합니다. 그리스도께서 구원은 오직 자신 안에서만 발견된다고, 우리의 행위가 무언가 중요성을 띠는 것은 오직 성부께서 값없이 제공하시는 선을 통해서뿐이라고 분명하게 밝히시는 여러 다른 구절들이 있습니다. 만약 하나님이 우리의 행위 중 어떤 것을 선하다고 여기신다면, 그분의 순전한 은혜와 관대하심 그리고 우리를 향한 아버지다운 사랑 덕분입니다. 우리의 행위 자체로는 부패했으며 받아들여질 만한 가치가 없기 때문입니다.

우리는 여기서 주님께서 말씀하시는 의도가 우리 구원의

기초에 의문을 제기하거나 우리가 하나님을 위해 행하는 일이 어느 정도 가치가 있는지를 물으시는 것이 아님을 압니다. 그분의 목적은 우리가 성부 하나님의 뜻을 행하려 하다 사람들이 우리를 미워하고 내쫓고 박해하는 상황에 처할지라도, 선을 행하려는 우리의 노력이 헛되이 낭비되지 않음을 알려주시는 데 있습니다. 우리가 마주하는 시련이 우리에게 지정된 길을 따르지 못하게 해서는 안 됩니다. 어째서 그렇습니까? 세상에서 하나님을 섬기는 일에는 아주 많은 갈등이 포함되어 있기 때문입니다. 그렇다면 승리는 어디에 있는 것일까요? 그것은 하늘에 있습니다. 우리가 바라보아야 할 곳은 하늘입니다. 그러므로 우리 시각을 공로를 얻는 데 두지 않고 하나님을 섬기는 일에서 꾸준하게 걷는 데 두도록 합시다. 우리에게는 우리 주 예수 그리스도께서 우리를 위해 얻으셨고, 그분의 수난과 죽으심 덕분에 우리 것이 된 보상이 있습니다. 여기에는 우리가 결코 실패할 수 없는 이점이 있습니다!

그러므로 우리는 자기 공로를 자랑스레 떠들어 대며 사실상 하나님을 조롱하는 이런 교황주의자들에게 담대하게 맞섭시다. 그들은 기적을 약속하는 것처럼 보이는 확신을 지니고 자신들의 공로를 펼쳐 보입니다. 말만 들으면 여러분은 그들이 열정으로 불타오른다고 생각할 것입니다. 그러나 그리스도를 위해 조그마한 고난이라도 겪는 일이라면 그들 중 아무도 손가락 하나 까딱하려 하지 않습니다. 그들이 인내하면서 자기를 부정하는 삶을 살 것이라고 기대하지 마십시오. 공로에 관한 가르침으로 잘 알려진 자들, 가장 시끄러운 소리를 내는 멍청하고 그릇된 편협성을 지닌 자들은 부도덕한 악당들이며, 방종하고 세속적인 사람들이거나 술에 취하고 부패한 사람들에 불과합니다. 그들은 모든 악과 과잉의 죄를 지은 자들입니다. 공로에 대해 용감히 가르치나 그 삶이 하나님을 향한 모욕에 불과할 뿐인 교황의 사람들에 관한 이야기는 이쯤 해 둡시다!

신중하고 온건한 길

우리는 어떻습니까? 우리의 선행은 하나님 기준을 백 배 이상 능가할 수도 있습니다. 그러나 의무가 요구하는 바를 넘어섰다는 우리 생각은 잘못된 것입니다. 우리는 지금 우리의 모든 것을 하나님께 빚지고 있음을 솔직하게 인정해야 합니다. 우리가 범사에 그분께 책임이 있는데, 그분이 우리에게 무슨 빚이 있겠습니까? 그분이 우리에 대해 무슨 의무를 갖고 계십니까? 우리가 선을 행하려 할 때조차 비틀거리고 발을 끌면서 걸으며 절대 서두르지 않는다는 점도 기억하십시오. 우리 의도에는 늘 결함이 있고, 우리는 늘 부족합니다. 위선자가 아닌 이상, 누구나 같은 사정임을 인정합니다. 그러므로 우리가 예수 그리스도의 제자이고 그분께 믿음을 두었기에, 그분이 크신 선하심으로 인정해 주겠다고 정하신 경우가 아니라면 우리의 모든 행위가 그분의 저주를 받아 마땅하다는 결론을 내릴 수밖에 없습니다. 바로 이것이 예수님의 가르침에서 우리가 실제로 유익을 얻는 방법입니다. 하나님이 우리를 하늘로 이끄시는 것은, 우리가 그렇게 해야 할 때 우리가 좀 더 쉽게 가시덤불 사이를 걷고, 도랑을 뛰어넘고, 바위와 산을 기어오를 수 있게 하시기 위함입니다. 아무것도 우리의 길에 끼어들지 말아야 하며 우리가 목표를 향해 전진하는 일을 중단해서도 안 됩니다.

혹자는 하나님의 자녀들이 부유해지고, 그분이 관대하게 제공하신 좋은 것들을 이용하고, 그로부터 쾌락을 얻는 것이 옳은지 물을 수 있습니다. 이에 대해 오늘 본문은 이렇게 말씀합니다. **웃는 자들에게 화 있을진저. 부유한 자들에게 화 있을진저. 사람들이 좋게 말하는 자들에게 화 있을진저.** 그러면 여러분은 말합니다. "이게 무슨 뜻이지? 훌륭하고 덕스러운 삶을 영위하면서 사람들에게 좋은 말을 듣는 게 잘못인가? 바울은 모든 사람 앞에서 선을 행하라고 촉구하지 않았는가? 성경의 다른 본문에서는 사람들이 우리가 하나님을 두려워하며 살아가는 모습을 볼 때 모든 입이 다물어지고 하나님께 영광을 돌리게 해야 한다고 말씀하지 않는가?"[18] 그러므로 우리는 부유한 자, 안락하게 사는 자, 행복한 자가 당하는 정죄를 어렵고 혼란스럽게 여길 수 있습니다.

하지만 우리 주님께서 여기서 말씀하시는 바는 그런 내용이 아닙니다. 그분이 정죄하시는 것은 이 세상에서 잘살려는 생각 때문에 하늘나라가 있음을 잊을 정도로 아둔하고 무감각해진 자들이 보이는 태도입니다. 이것은 신자들이 좋은 시절에 어떻게 행동해야 하는지를 생각해 본다면 더욱 분명해집니다. 만약 하나님이 그들에게 평화와 번영을 허락하신다면, 그들은 그분께 찬양을 올려드릴 것입니다. 그들은 늘 올바르게 살기 위해 노력하면서 그분의 은사를 진지하게 사용할 것입니다. 그들은 그런 은사를 낭비하기를 원치 않으며 그 은사를 하나님의 축복으로 인식할 것입니다.

다시 말씀드리자면 누군가가 하나님의 성령의 진기한 은사를 소유하고 있다면, 갖고 있지 않은 척하지 않을 것입니다. 그렇다면 단지 위선이 되기 때문입니다. 그러므로 신자들이 부유하거나, 건강 상태가 좋거나, 성령의 은사들을 놀랄 만큼 부여받았거나 할 경우, 그들은 하나님의 은혜가 그 유일한 근원임을 인정합니다. 그들의 기쁨은 실제적이며, 감사 역시 그러합니다. 이것이 그들이 현세에서 좋은 것들을 사용하는 방식입니다.[19]

그럼에도 신자들은 오늘은 삶이 수월할지라도 내일 하나님이 자신들에게 보내실 수도 있는 고난을 견딜 준비가 되어 있습니다. 그분은 그들에게 주셨던 좋은 것들을 도로 가져가실 수도 있습니다. 또한 그들은 내어 드릴 준비가 되어 있습니다. 자기들이 한 가지 조건, 즉 그분이 그렇게 하기로 택하실 때면 언제라도 그분께 돌려 드린다는 조건으로 그것들을 받았음을 알기 때문입니다. 신자들은 이렇게 추론합니다. "오늘은 부요할지라도 내일은 가난해질 수 있다. 하나님이 내 상황을 바꾸셔서 편안함이 고난이 되고 웃음이 눈물이 되게 하실지라도, 내가 여전히 그분의 자녀임을 아는 것만으로도 나로서는 충분하다. 그분은 나를 언제나 자녀로 여기시겠다고 약속하셨다. 그러니 나는 만족한다."

반복해서 말씀드립니다만, 바로 이것이 신자들이 행동하는 방식입니다. 그들은 필요할 경우 허리띠를 조이면서 진지하게 살아갈 것입니다. 자신이 유명한 자리에 올라 막대한 쾌락을 누리게 될지라도 더 높이 있는 것에 눈을 맞추며 살아가야 한다고 말하면서 스스로 삼갈 것입니다. 하니님이 우리에게 주신 좋은 것들은 그분께로 이끄는 통로, 즉 높은 곳으로 오르는 사다리일 뿐 우리 자신을 파묻어야 하는 무덤이 아닙니다. 우리는 행복에 매달려서도 안 되고, 행복이 지나갈 때 공허한 웃음으로 맞이해서도 안 됩니다. 행복은 덧없기 때문입니다. 또 우리는 사람들이 칭찬할 때, 마치 세상에서 덕스러운 삶에 대한 보상을 이미 받은 것처럼 기뻐 날뛰지 말아야 합니다. 아니, 우리는 우리에 대한 좋은 평판과 나쁜 평판에 흔들리지 말고 계속해서 나아가야 합니다. 이것이 신자가 추구해야 할 신중하고 온건한 길입니다. 우리는 시절이 좋을 때 둔중해지거나 중독되지 말아야 합니다. 오히려 하나님이 요구하시면 언제라도 모든 것을 포기할 수 있어야 합니다. 불신자들은 그렇게 살지 않습니다. 번영은 즉시 그들 머리로 들어가서 그들을 가득 채워 결국 터뜨려 버립니다. 그들은 너무 혼란스러워서 하나님이나 영적 삶에 대해서는 조금도 생각하지 않습니다. 그리하여 결국 그들은 완고해집니다. 그리고 불운이 찾아오면, 하나님을 향해 이를 갈고 그분의 신성을 모독합니다.

이것이 우리가 부자와 만족한 자와 웃고 즐거워하는 자들에게 선언된 저주를 해석하는 방법입니다. 욥을 기억하시기 바랍니다. 그는 고난 한가운데서 이렇게 선언했습니다. "우리가 하나님께 복을 받았은즉 화도 받지 아니하겠느냐?"[20] 이것이 욥이 골똘히 생각해 왔던 것, 말하자면 적절한 때와 장소에서 공개된 보물이었음은 의문의 여지가 없습니다. 우리는 하나님이 우리를 아끼시고 우리가 기뻐할 이유를 주실지라도 그분 손에서 좋은 것과 나쁜 것 모두를 받게 되리라고 예상해야 한다는 점을 압니다. 우리는 마지못해서나 강요받아서가 아니라 온유하고 즐겁게 그분 뜻에 순종해야 합니다. 그분이 우리를 다스리셔야 합니다. 우리가 좋아하는 방식이 아니라, 그분이 아시기에 우리에게 최상일 뿐 아니라 가장 유익한 방식을 따라서 말입니다. 우리는 모든 일이 우리의 구원을 위해 작동하리라고 확신합니다. 그것이 우리가 기뻐하는 이유입니다.

바로 이것이 오늘 본문에 담긴 예수님의 가르침이 의미하는 바입니다. 부유해지고, 기뻐하고, 만족하는 것은 번영에 취하고 무감각한 짐승의 삶을 사는 일입니다. 우리가 안락하게 산다면, 그것은 자기 몸을 금과 은으로 휘감거나 원하는 모든 것을 갖는 일이 삶의 목표인 사람처럼 밭과 목초지를 소유한 것을 자랑하기 위함이 아닙니다. 이런 사람들은 죽은 자들이나 다름없습니다. 그들은 소멸하기 쉬운 소유물에 자신들을 파묻고는 위에 있는 하늘을 보지 못합니다. 우리는 하나님의 아드님이 당신의 입으로 우리를 정죄하시지 않도록 스스로 조심해야 합니다. 오직 우리는 지속적인 복을 얻기 위해 그분을 바라보는 것을 통해서만 여기서 언급된 불운을 피할 수 있습니다. 그러므로 우리는, 바울이 말하듯이 가진 사람은 못 가진 사람처럼 되어야 한다[21]고 확신하면서 이 세상을 이방인으로 살아가야 합니다.

살면서 의지할 것이 많은 이가 더 많은 유혹을 당하고 더 쉽게 넘어지는 위험에 처한다는 점은 아무도 부인하지 못할 것입니다. 그러므로 그들은 계속해서 하나님을 향해 돌아서고 그분의 선물이 자신을 그분께로 더 가까이 이끌고 사랑을 재촉하고 순종을 북돋기 위함이라는 점을 배울 필요가 있습니다. 그들은 자신들이 받은 좋은 것들에 세상의 포로가 될 정도로 매료되어서는 안 됩니다.

풍성한 상태에 있을 때 우리는 탐욕스러운 과잉을 조심해야 합니다. 그래야 자신을 스스로 질식시키지 않으며 자기 위에 임하는 저주를 불러오지 않을 수 있습니다. 즉 **화 있을진저 지금 충만한 너희여**라는 저주 말입니다. 만약 우리가 충족되어야 한다면 다른 방식으로, 즉 시편 16편에서 읽듯이[22] 하나님의 얼굴을 관상함으로써 그래야 합니다. 우리는 물질적 소유를 성부 하나님을 대면할 때까지 우리를 돕는 소도구 정도로 여겨야 합니다.

그분이 우리 기쁨이요 행복이십니다. 그러니 부디 웃읍시다. 그러나 하나님 뜻이 그러하다면 기꺼이 울 준비가 되어 있는 자들의 방식으로 웃읍시다. 우리의 즐거움은 슬픔, 그리고 고통당하는 자들을 향한 연민과 결합되어야 합니다. 어느 누구도 다른 이들과 떨어져서 살아서는 안 됩니다. 하나님의 이름이 영광을 받을 때마다 모두가 즐거워해야 합니다. 그렇습니다. 슬프고 우울할 이유가 있더라도 기뻐하십시오. 이와 반대로, 때로 우리는 좋은 상태에, 기분이 최고로 좋은 상태에 있을 수도 있습니다. 그러나 교회 안에 어떤 심각한 문제가 생기거나, 하나님의 이름이 모욕이나 수치나 조롱을 당한다면, 마땅히 그것은 우리에게 슬픔의 이유, 우리가 느꼈던 기쁨보다 훨씬 더 깊은 슬픔의 이유가 되어야 합니다. 그런 때에 우리는 세상의 축복이 가져다주는 행복을 누리는 일을 절제해야 합니다. 속담에서 말하듯이 우리는 우리의 술을 물과 섞어야 합니다. 이 구절의 의미에 대해서는 이쯤에서 마무리하겠습니다.

고통 중에 즐거워하라

이제 우리 주님의 맺음말, **사람들이 너희를 욕할 때 즐거워하라**에 대해 생각해 봅시다. 여기서 그분이 가리키시는 바는 모든 곳에 있는 모든 사람이 아니라 사람들의 일반적인 추세입니다. 우리는 이를 바울에게서 발견하는데, 그는 자기가 만약 사람들을 섬기고 그들을 기쁘게 하려 한다면 하나님을 저버려야 한다고 말합니다.[23] 사람들의 인간적 본성은 다른 이들에게서 아첨이나 유머러스한 말만 듣고 싶어 하기 때문입니다. 사람들에게 세속적 찬사를 아끼지 않는 것은 그들의 실패에 눈감고, 그들의 방어자와 옹호자로 행동하고, 그들을 지지하면서 악을 선이라고 바꿔 부르는 일입니다. 바로 우리가 사람들의 인정을 받고자 할 때 일어나는 일입니다. 이는 하나님의 진리를 부패하게 만들고 악하게 왜곡시킵니다. 그리고 우리는 그 과정에서 주님 섬기는 일을 그칩니다.

그러나 우리가 사람들을 기쁘게 하는 다른 방법이 있습니다. 사람들이 자신이 행하는 악에 스스로 절망할 때, 우리는 그들의 악한 본성에 영합하기보다 그들을 하나님의 방식으로 기쁘게 하려고 노력할 수 있습니다. 바울이 염두에 두고 있는 바가 바로 그것입니다. 사람들을 기쁘게 하려는 우리의 노력은 그들이 악한 야심과 사악한 갈망을 스스로 비난할 때만 효과가 있습니다. 그들이 정말로 그렇게 느낀다면, 하나님의 진리가 그들에게 수용되고, 그분의 진리의 담지자인 우리 역시 그러할 것입니다. 그러나 사람들이 자신의 타락한 본성 자체에 머물러 있다면, 그들은 모든 것을 덮으려 할 것이고 우리가 그들 자신의 죄를 못 본 척해야 한다고 주장할 것입니다. 여기서 우리 주님께서 "사람들"이라는 단어를 사용하실 때 가리키시는 것은 일종의 음모에 가담한 모든 사람입니다. "우리를 아끼라. 그러면 당신은 평생 우리의 친구가 될 것이다." 이는 진리를 미워하는 세속적인 이들과 경건한 두려움이라는 산 뿌리를 갖고 있지 않은 위선자들이 거짓 선지자들과 결탁하는 방식입니다. 그들은 이렇게 말합니다. "우리는 당신을 존중할 것이다. 당신이 당신의 말로 우리를 화나게 하지만 않는다면, 우리는 당신이 원하는 무엇이든 당신에게 제공할 것이다. 당신이 우리를 괴롭히지 않는다면, 우리 역시 당신을 괴롭히지 않을 것이다."

이보다 더 역겨운 공모가 있었습니까? 가르치는 과업을 맡은 교회의 선지자들과 교사들 ─ 청중의 귀나 간지럽힐 뿐 아무것도 이루지 못하는 달콤한 노래나 연주하는 풍악쟁이들 ─ 의 공모보다 말입니다! 반면 아첨꾼들은 그들을 후하게 칭찬합니다. "아, 얼마나 탁월한 교사인가! 얼마나 훌륭한 사람인가! 우리가 무엇을 더 요구할 수 있는가?" 그렇게 어떤 이들은 칭찬을 탐하고 다른 이들은 그들이 듣고 싶은 것을 말하지만, 우리 주 예수 그리스도께서는 그 모든 것이 거짓이라고 선언하십니다. **사람들이 너희를 칭찬하면 너희에게 화가 있도다.** 그분이 말씀하십니다. "결국, 너희는 거짓 선지자들이 그들의 아첨하는 말로 너희를 속였음을 알게 될 것이다. 만약 세상이 너희에 대해 좋게 말한다면 너희는 저주받은 것이다."

끝으로, 이 마지막 구절이 하나님 말씀을 선포하는 책임을 맡은 이들에게 특별한 경고를 한다는 데 유의하시기 바랍니다. 그들은 선을 행하고 의무를 이행하는 과정에서 사람들의 증오를 불러일으키거나 비난이나 중상을 받게 될지라도, 포기하지 말고 계속 나아가야 합니다. 이는 우리 모두에게 적용되는 교훈이며, 교회의 모든 구성원에게 유익한 가르침입니다. 제 말씀은, 우리가 그저 아첨을 사용해 인기를 얻는 이들을 칭송하고 칭찬하는 일을 중단해야 한다는 것입니다. 우리가 마귀를 편들어서 하나님이 우리를 비난하시는 것을 바라지 않는다면, 그런 이들을 우러러보며 존경하지 말아야 합니다. 오히려 아첨이 제공하는 명성과 존경을 얻을 만한 시간이 없는 이들을, 그리고 의무를 방해하는 모든 것을 거부하는 이들을 칭찬하는 법을 배워야 합니다.

그렇게 한다면, 우리는 시편 말씀을 성취하게 될 것입니다. 즉 우리는 여호와의 이름으로 오는 이들을 축복하게 될 것입니다.[24] 그분이 우리를 당신의 영원한 나라 안으로 불러 모으실 때까지 그렇게 할 것입니다. 마침내 우리는 그곳에서 그분이 우리에게 약속하셨던, 지금 우리가 기다리고 있는 모든 복을 맛볼 것입니다.

이제 우리의 선하신 하나님의 위엄 앞에 부복하고 우리 죄를 시인하면서 그분께서 우리가 그 모든 죄를 혐오해서 멀리 내던지게 해 주시기를 간청합시다. 또한 우리가 참된 완성을 얻을 때까지 우리를 그분의 의로 옷 입혀 주시기를 간구합시다. 그러므로 이제 우리는 이렇게 기도합시다. 전능하신 하나님 하늘에 계신 아버지시여….

해설

| 다섯 번째 설교: 거절된 보상 |

복음서들의 조화에 관한 65번째이자 마지막으로 기록된 설교

Badius, pp. 168–189; *CO* 46.809–826.

지복에 관한 마지막 설교는 칼빈이 부당한 고통이라는 주제에 관해 앞서 말했던 모든 것을 요약한다. 여기서 고통은 박해라는 맥락에서 제시된다. 하나님의 진리에 대한 헌신은 박해를 초래한다. 특히 진리가 사람들이 소중히 여기는 교회의 전통 및 확고한 권위와 상충할 때 그러하다. 설교자가 출교를 변덕스럽게 사용하는 로마교회에 맞서 저항하는 것을 제외한다면, 이 설교에는 세상, 육신, 마귀에게 도전하며 죽기까지 충실했던 프로테스탄트 순교자들에 대한 어떤 언급이나 명단도 등장하지 않는다. 다만 예언자들과 사도들이 우리가 본받을 충분한 모델로 간주된다. 칼빈이 얼마나 자주 박해를 물리적 고통―추방, 매 맞음, 투옥―이 아닌 언어적 학대, 잘못된 평판, 중상 같은 형식으로 표현하는지 살펴보면 놀라울 정도다. 그가 청중에게 권하는 대응 방식 역시 놀랍다. 성부 하나님이 정하신 길에서 서둘지 말고 인내하라는 것이다.

박해당하는 신자들은 하나님 나라를 향해 내달리지 않는다. 오히려 그들은 천천히 걷는다. 필요하다면 절뚝거리고 발을 끌며 걷는다. 그들이 내딛는 각각의 발걸음은 위로자이신 성령에 의해 지지와 인도를 받는다.

박해받는 자들을 보상하는 일에 대한 예수의 약속은 행위와 은혜, 은혜와 공덕에 관한 활발한 토론을 불러일으킨다. 아우구스티누스를 분명하게 인용하지는 않으나, 칼빈의 주장은 아우구스티누스를 따라 이루어진다. 선행은 오직 우리에게 주어지는 한에서만 "우리 것"이다. 오직 자기 공덕을 저버리는 자들만이 하나님이 기뻐하시는 삶을 살고 그리스도가 얻으신 복을 받을 수 있다.

누가복음에서 부자들에게 선포된 저주들은 이 세상 것들을 정당하게 사용하는 일과 관련해 시의적절한 질문을 제기한다. 칼빈은 모든 선한 것은 하나님으로부터 오는 선물이며 우리를 감사함 속에서 선물의 수여자에게로 이끈다고 말한다. 그러나 그 수여자를 받아들이는 일은 고난이라는 무거운 선물을 포함해 그분의 선물을 예외 없이 받아들이는 것이다. 이렇게 우회로를 통해 종교개혁자 칼빈은 이 설교 시리즈 내내 자신의 큰 주제, 즉 우리는 오직 인내와 시련을 통해서만 약속된 영광에 이른다는 주제로 되돌아간다. 설교는 경고에 관한 말로 적절하게 마무리된다. 사람들에게 좋은 평을 얻는 것은 모호한 혜택이다. 아첨은 세상이 자신에게 보답하는 방식이다. 지나친 찬사는 방심하는 사람을 덫에 걸리게 하고 목회자와 평신도 모두를 부패하게 만든다. 설교자는 자신의 경고가 모든 그리스도인에게 유익이 된다고 여긴다. 교회와 교회의 살아 있는 구성원인 신자들은 오직 그리스도의 칭찬을 구함으로써만 복음 메시지의 진실성을 옹호하고, 그 유익을 즐기고, 곤경에 처한 세상을 향해 확신을 품고 그것을 선포할 수 있다.

주

1 **주님이 말씀하시듯.** 요한복음 3:20.

2 **사람들로부터 당하는 수치와 불명예.** 공개적으로 수치나 불명예를 당하느니 죽는 게 낫다는 생각은 고전 시대의 시인과 철학자들 사이에서 일반적이었다. 명성은 어떤 이가 후세에 남길 수 있는 유일하게 영속적인 기념물이었다. 그러므로 아이스킬로스(Aeschylus, 고대 그리스의 비극 작가 – 옮긴이)는 이렇게 말한다. "어떤 이가 불운을 겪는다면, 그것이 불명예가 없는 불운이되게 하라. 오직 그것만이 죽은 자들 가운데서 이득으로 간주되기 때문이다"(*Seven against Thebes*, II. 683-684). 크리소스토무스는 *Homily XV on St Matthew*에서 그 주제를 상세하게 발전시킨다. "아주 분명하게, 사람들의 악한 소문은 그들의 행위보다 훨씬 더 날카로운 상처가 된다. 우리가 겪는 위험 속에는 그 수고를 가볍게 해 주는 많은 것들이 있는데, 이를테면 모든 사람에게 격려받거나 많은 칭찬을 받거나 … 사람들이 우리를 찬양하는 일이 그렇다. 하지만 우리가 당하는 비난 속에서는 그런 위안조차 파괴된다"(*NPFN* 10, p. 96).

3 **사람들이 우리 얼굴에 침을 뱉을 것이다.** 아마도 고린도전서 4:11-12에 대한 언급일 것이다.

4 **가장 기뻐하시는 제사.** 요한복음 16:2.

5 **이사야서 8장에서 읽듯이.** 이사야 8:18.

6 **유다에서처럼 그 나라 안에도.** 칼빈은 하나님이 이스라엘과 맺

으신 언약은, 이스라엘의 음행에도 불구하고, 솔로몬의 왕국이 둘로 나뉘어 벧엘과 단에 경쟁적으로 제단이 설치되었음에도 불구하고 폐기되지 않았다고 주장한다. 믿음을 지닌 남은 자라는 개념은 대예언서와 소예언서 모두에서 나타나며, 칼빈의 언약 신학에서 중요한 요소이다. 이는 무지, 오류, 배교가 때때로 하나님의 진리를 소멸하려고 위협했던 속사도 시대에 그리스도의 교회가 보존되었던 일과 관련해 그가 가졌던 믿음을 설명해 준다. 남은 자(*residui* 혹은 *reliquiae*)의 생존, 칼빈이 때때로 "남은 씨앗"(에스겔 16:53에 관한 주석; *CO* 40.387)이라고 부르는 것의 지속은, 그에게는 하나님이 선택된 자들을 방심하지 않고 돌보신다는 증거다. 이 주제는 프로테스탄티즘을 "새로운", 따라서 무가치한 종교라고 비난했던 로마 가톨릭 적대자들과의 논쟁적인 편지들에서 두드러지게 나타난다. *Inst.*에 실려 있는 프랑수아 1세에게 헌정하는 서문과, 같은 책의 3.21.7을 보라.

7 **미움받고 더러운 사람.** 칼빈의 싸움은 그가 마태복음 18:15-17에서 형태를 발견한 출교(즉, 주님의 만찬 교제로부터의 배제)의 원칙에 관한 것이 아니라, 로마교회 관행에 관한 것이다. 그는 교황의 계급제도 안에서 일어나는 출교가 교정과 치유를 위한 목회적 도움이 되기보다는 자의적인 권력의 도구가 되었다고 선언한다. *Inst.* 4.12.1-3에 실려 있는 긴 논의와 나의 논문 "Oil and Vinegar: Calvin on Church Discipline", *Scottish Journal of Theology* 38 (1985), pp. 25-40을 보라.

8 **성경이 다른 곳에서 말씀하듯이.** 시편 37:6.

9 **사람들이 가할 수 있는 모든 일**. 예레미야 20:11−12.

10 **우리가 나중에 보겠지만**. 마태복음 6:2. *Harm. Matt.* 6:2 참조: "그리스도께서 이런 종류의 쇼를 하는 이들은 보상을 이미 받았다고 말씀하시는 것은 옳다. 그렇게 눈이 헛된 것으로 가득 찬 이들은 하나님을 볼 수 없기 때문이다."

11 **예수께서 시력을 회복시키신 사람**. 요한복음 9:1−38.

12 **베드로가 말하듯이**. 베드로전서 3:16(의역).

13 **선을 행하는 일에 지치지 말라**. 갈라디아서 6:9, 데살로니가후서 3:13에서 되풀이된다.

14 **가능한 모든 모욕**. 의심할 바 없이 설교자는 예레미야 26:7−11; 37:11−15; 38:4−6 같은 구절들을 염두에 두었을 것이다.

15 **베드로에게서 발견하는 교훈**. 베드로후서 2:1−2.

16 **우리가 노래해 온 시편**. 운율에 맞춘 시편 73편에 대한 언급일 것이다. 이 시편은 28주의 주기 중 열 번째 주기에 불리도록 되어 있었다. 1−9행(1−18절)은 주일 아침예배 때, 10−14행(19−28절)은 주일 오후에 불렸다(Pierre Pidoux, *Le Psautier huguenot*, II, 62). 28주짜리 시편 주기의 존재는 넓은 의미에서 설교 시리즈의 연대기를 확립하는 일을 가능케 한다. 정확하게 4주 간격이 첫 번째 설교(그 주기 여섯 번째 주)와 다섯 번째 설교(그 주기 열 번째 주)를 구분한다.

17 **하나님을 잘 섬겨 왔던 이들**. 구원과 구원의 열매들이 우리가 믿음으로 받아들여야 하는 하나님의 값없는 선물이라는 점은 종교개혁 신학의 기초였다. 칼빈은 값없는 은혜를 은혜에 덧붙

여진 행위라는 로마 가톨릭의 교리와 대조한다. 트렌트 공의회는 여섯 번째 회기 때(1547년 1월) 칭의(稱義, justification)의 은혜는 믿음과 결합된 선행 준수를 통해 증진될 수 있으며, 행위는 하나님이 명령하신 의무이지 단순히 칭의의 표지가 아니라고 주장했다(Chs. 10과 11). 영생은 예수 그리스도를 통해 제공되는 은사이자 칭찬할 만한 행위에 지불된 보상 모두로 정의되었다(Ch. 16). 교회법 32는 교회의 가르침을 다음과 같이 요약한다. "만일 누가 의롭다 하심을 입은 자의 선행은 하나님의 은총이며 그런 의미에서 그 선행이 의롭다 하심을 입은 자의 공로가 아니라고 주장한다면, 의롭다 하심을 입은 자는 하나님의 은총과 예수 그리스도의 공로에 힘입어 (그분의 살아 있는 지체로서) 자신이 행한 선행을 통해서 은총의 증대와 영원한 생명과 (그가 은총 중에 죽는 경우) 영원한 생명의 획득, 그리고 영광의 증진조차도 본인이 추구할 수 있는 게 아니라고 주장한다면, 그는 파문받아야 한다"(H. Denzinger, *Enchiridion symbolorum*, Barcinone: Herder, 1957, pp. 289-295, 299).

18 **하나님을 두려워하며 살아감.** 첫 번째 언급은 갈라디아서 6:10, 두 번째 언급은 베드로전서 2:12과 3:16에 대한 것이다.

19 **현세에서 좋은 것들.** 이 주제에 관한 칼빈의 고전적인 진술은 *Inst.* 3.10.1-6에서 나타난다.

20 **화도 받지 아니하겠느냐.** 욥기 2:10.

21 **못 가진 사람처럼 되어야 한다.** 고린도전서 7:30(의역).

22 **우리가 시편 16편에서 읽듯이.** 시편 16:11.

23 **하나님을 저버려야 한다.** 갈라디아서 1:10.

24 **여호와의 이름으로 오는 이들.** 시편 118:26.

설교 후 기도*

전능하신 하나님 하늘에 계신 아버지시여, 당신은 우리가 당신의 사랑하시는 아들 예수 그리스도 우리 주님의 이름으로 당신께 드리는 요구를 들으시고 응답하실 것이라고 약속하셨습니다. 우리는 주님과 그분의 사도들을 통해 그분의 이름으로 모이되, 그분이 우리 가운데 계시고 당신 앞에서 우리를 위해 중재하시리라는 약속과, 우리가 땅에서 합의한 모든 것을 받고 얻으리라는 약속에 의지해서 모이라는 가르침을 받았습니다.

당신은 먼저 당신이 우리 위에 지도자와 관리자로 세우신 이들을 위해 기도하라고 명하십니다. 다음으로 당신의 백성과 모든 곳에 있는 모든 이들의 필요를 위해 기도하라고 명하십니다. 당신의 거룩한 진리와 당신의 약속에 의지하면서 예수님 이름으로 여기 당신 앞에 모인 우리는 무한한 자비 속에 계신 우리 하나님이시자 아버지이신 당신께 사랑스럽게 간구

---

* 주일 설교에는 목사가 행하고 주기도문에 대한 확대된 의역으로 끝나는 긴 중보기도가 뒤따랐다. 이 책에 실린 번역문은 그 확대된 의역이 생략된 1542년판 제네바 예식서를 따른다. 본문은 *CO* 6.175-8; *OS* 2.20-3에서 가져왔다.

합니다. 우리 죄를 값없이 용서하시고, 그리하여 우리의 생각과 갈망을 당신께로 들어 올리심으로써 우리가 마음을 다해 당신의 선하신 뜻과 기뻐하심을 따라 당신의 이름을 부를 수 있게 해 주소서. 그러므로, 하늘에 계신 아버지시여, 우리는 모든 왕과 주들, 즉 당신께서 정의의 통치를 위임하신 당신의 종들을 위해 기도합니다.

특별히 우리는 이 도시의 통치자들을 위해 기도합니다. 그들에게 당신의 성령 곧 유일하게 은혜로우시며 주권을 갖고 계시고 그들 안에서 매일 당신의 은사를 증진하게 하시는 성령을 부여하시는 전능하신 하나님, 먼저 그들이 하늘과 땅에서 온전한 권세를 갖고 계신 당신의 아들 예수 그리스도가 왕 중의 왕이요 주 중의 주이심을 시인하게 하소서. 그리하여 그들이 모든 영토 안에서 우리 주 예수 그리스도를 섬기고 그분의 통치를 높이며 당신 뜻을 따라 당신의 손의 작품이자 목장 양떼인 그들의 백성을 이끌고 다스리게 해 주시기를 기도합니다. 또한 당신의 백성인 우리가 이곳과 모든 곳에서 평화와 평온 가운데 보호받으며 거룩하고 의로우신 당신을 섬길 수 있도록 해 주시기를 기도합니다. 그리고 우리가 우리 적에 대한 두려움에서 벗어나 우리가 사는 모든 날 동안 당신을 찬양할 수 있게 해 주시기를 기도합니다.

참된 아버지시여 구주시여, 우리는 또한 당신께서 당신의 백성을 목양하기 위해 세우신 이들, 즉 사람들을 돌보고 당신의 거룩한 복음을 수행하는 이들을 위해 기도합니다. 당신의 성령으로 그들을 이끄시고 지도하심으로써, 그들이 당신의 영광을 위하는 성실하고 참된 사역자가 되어 언제나 잘못된 길로 빠져 방황하는 양떼를 우리 으뜸 목자이시며 대주교이신 우리 주 예수 그리스도께 인도하게 하소서. 그리하여 그들이 모든 의와 거룩 안에 계신 분 안에서 나날이 번성하고 자라나게 해 주시기를 기도합니다. 더 나아가 먹이를 찾아 헤매는 늑대 같은 삯꾼들, 오직 자신들의 목적과 야망을 추구할 뿐 당신의 거룩하신 이름의 명예와 당신 양떼의 안녕은 근심하지 않는 자들 입에서 모든 교회가 구원을 얻게 해 주시기를 기도합니다.

다음으로, 가장 은혜로우신 하나님이요 긍휼이 풍성하신 아버지시여, 이 땅의 모든 사람을 위해 기도합니다. 당신께서는 모든 이가 우리 주 예수 그리스도께서 이루신 구속을 통해 당신을 세상의 구주로 인정하기를 바라십니다. 그러하기에 어둠 속에서 무지와 오류에 사로잡혀 있느라 그분을 알지 못하는 이들이, 성령의 빛과 복음의 선포를 통해 구원의 길로 이끌려 유일하게 참된 하나님이신 당신과 당신께서 보내신 예수 그리스도를 알게 되기를 기도합니다. 당신께서 이미 당신의 은혜로 찾아가시고 당신의 말씀에 대한 지식으로 계몽해 주신 이들이 모든 선함 가운데서 성장하고 당신의 영적 축복으로 부유해짐으로써 우리가 모두 함께 마음과 목소리를 모아 당신을 예배하고 우리 주인이시요 왕이시며 율법의 수여자이신 그리스도께 영예와 경의를 표할 수 있게 해 주시기를 기도합니다.

오 모든 위로의 하나님이시여, 또한 우리는 당신께서 빈곤이나 투옥을 통해서든, 질병이나 추방을 통해서든, 혹은 몸이나 마음의 고통을 통해서든, 십자가와 고난으로 몸소 찾아가시고 책망하시는 모든 이들을 당신께 맡깁니다. 당신께서 그들에게 당신의 아버지다운 사랑을 알려 주시고 그들이 당하는 징계가 자신들의 삶을 고치기 위한 것임을 확신하게 해 주시기를 기도합니다. 또한 그들이 기꺼운 마음으로 당신을 향해 돌아서고, 그렇게 회심함으로써 당신의 위로를 받아들이고 모든 고통으로부터 구원을 얻게 되기를 기도합니다.

마지막으로, 오 하나님이시자 아버지시여, 또한 예수님 이름으로 그분의 말씀을 듣기 위해 이곳에 모인 우리는 겉치레나 위선 없이 본질상 망한 자입니다. 그러므로 당신의 징계를 받아 마땅한 자들인 우리가, 날마다 제멋대로이며 무질서한 삶으로 우리 위에 책망거리를 쌓아 올리고 있음을 인식하게 해 주시기를 간구합니다. 우리 안에는 선한 것이 아무것도 없으며 살과 피로는 하나님 나라를 상속받을 수 없음을 우리가 깨닫도록 도와주소서. 우리가 즐겁게 그리고 견고한 신뢰 가운데 우리의 유일한 구주이시자 구속자이신 우리 주 예수 그리스도께 굴복하게 해 주소서. 그리고 그분이 우리 안에 사시어 우리의 옛 아담이 죽고 우리가 새롭고 더 나은 생명을 얻어 당신의 이름을 찬양하고 그 이름에 영광을 돌리게 해 주시기를 기도합니다.

로버트 화이트 Robert White

『칼빈의 팔복 강해』 영어판 번역자로 호주 시드니 대학교에서 프랑스어를 가르쳤으며, 유럽의 불어 사용 지역에서 일어난 종교개혁에 전문가적 관심을 갖고 있다. 지금까지 『기독교 강요』, 『그리스도인의 삶』, 『팔복 강해』 등 칼빈의 프랑스어판 저작을 영어로 옮겼다.

칼빈의 팔복 강해

초판 1쇄 펴낸날 2022년 6월 28일

옮긴이 김광남
펴낸이 박종태

편집 강동석 옥명호
디자인 참디자인
제작처 예림인쇄 예림바인딩

펴낸곳 비전북
출판등록 2011년 2월 22일 (제396-2011-000038호)
주소 경기도 파주시 월롱산로 64
전화 031-907-3927
팩스 031-905-3927
이메일 visionbooks@hanmail.net
페이스북 @visionbooks
인스타그램 @vision_books_

마케팅 강한덕 박상진 박다혜
관리 정문구 정광석 김경진 박현석 김신근 강지선 정영도
경영지원 이나리 김태영

공급처 ㈜비전북
T. 031-907-3927 F. 031-905-3927

ISBN 979-11-86387-46-7 03230